中国語の面白い中日文化

语趣谈中日文化

张文生 主编

中国书店

图书在版编目（CIP）数据

双语趣谈中日文化 / 张文生主编 . —北京：
中国书店，2019.12
　　ISBN 978-7-5149-2416-9

　　Ⅰ.①双… 　Ⅱ.①张… 　Ⅲ.①中华文化－文化传播－
研究－日本－汉、日　Ⅳ.①G125

　　中国版本图书馆 CIP 数据核字（2019）第 274253 号

双语趣谈中日文化

张文生　主编

出版发行：中国书店

地　　　址：北京市西城区琉璃厂东街 115 号
邮　　　编：100050
电　　　话：010－63017857　010－63031797
责任编辑：木　洛
封面设计：逸品书装设计
印　　　刷：中国电影出版社印刷厂
开　　　本：710 mm×1000 mm　1/16
字　　　数：170 千字
印　　　张：13.5
版　　　次：2019 年 12 月第 1 版
印　　　次：2019 年 12 月第 1 次印刷
书　　　号：ISBN 978-7-5149-2416-9
定　　　价：68.00 元

《双语趣谈中日文化》编委会

序

王众一

　　收到张文生校长发来的《双语趣谈中日文化》，感觉迎面吹来一缕清凉的新风，精神不觉为之一振。

　　全书 30 篇文章文字不多，但随笔风格的内容非常引人入胜，小切口谈大文化，观察入微，妙趣横生，令人不忍释卷。

　　中日两国为东亚近邻，历史上大陆文明主要通过中国和朝鲜半岛传到日本，日本在消化这些文明成果的过程中又形成了自己的独特文化。从古代到现代，正是这种文化上的互学互鉴，形成了东亚既互相联系又保持各自风格的区域文化特点。

　　本书各位名家所撰写的文章，构成了角度不同的点与线，勾勒出中日文化彼此相通各具异同的特点。这于对文化比较与交流感兴趣的朋友们来说绝对开卷有益。而这本书的双语特点，又使它兼具语言学习、翻译学习的效用，也可以更好地服务于中日两国读者。

2019 年 6 月 30 日

前書きに代えて

王衆一

　そこに張文生校長先生より『二ヶ国語の面白い中日文化』の原稿が届き、読んでみると、すがすがしい風に吹かれたようで、元気が出てきました。

　30 本の文章からなる本書は、文字は多くはないですが、小さな切り口から大きな文化を語るエッセイ風の内容にたちまち魅了されました。観察が行き届き、興味深いエピソードにあふれ、読み出したら手離せないほどです。

　中日両国は東アジアの近隣であり、大陸文明は主に中国と朝鮮半島を通じて日本に伝えられ、日本はこれらの文明の成果を消化する過程で独自の文化を形成しました。古代から現代にかけ、このように文化の上で互いに学び、参照しあう伝統により、東アジアは相互に関係し、またそれぞれの風格を保つ地域文化の特徴を作り上げています。

　この本の作者たちの文章は、それぞれの角度から点と線をつなげ、中日文化が相互に通じながら各々が異なるという特徴を描きあげています。文化交流と文化比較に興味のある読者の皆さんにとって、必ずや参考になるところが多いでしょう。また、二ヶ国語で編集した本書は、言語学習と翻訳学習にも役立ち、両国の読者がともに利用しやすいものになっています。

2019 年 6 月 30 日

双语趣谈中日文化　二ヶ国語の面白い中日文化

　　王众一（1963—），吉林大学研究生院外语系毕业，获硕士学位。1994年至1995年曾以访问学者身份在东京大学从事表象文化研究。研究领域集中在国际传播、大众文化、翻译学实践与理论等方面，特别对电影与传播的关系、中日文化交流史等有较多关注，自1998年至今负责《人民中国》杂志总体编务，任日文月刊《人民中国》总编辑。著有随笔、评论与人物专访等。近年尝试以汉俳形式汉译日本俳句、川柳，并从事汉俳创作。多次参与中日媒体人士对话会、中日韩文化研讨会、北京—东京论坛。现为欧美同学会副会长，中华日本学会、中日关系史学会、北京欧美同学会常务理事，中国日本友好协会理事，中国翻译协会理事，孙平化基金学术委员会委员。中国人民政治协商会议第十三届全国委员会委员、政协外事委员会委员。著有《日本韩国国家形象的塑造与形成》等，译著有《日本电影100年》《日本电影的创新激情》《中国服饰的华美世界》《严复——中国近代探寻富国强兵的启蒙思想家》《日本电影110年》《中国关键词"一带一路"篇》等。

目录

双
语
趣
谈
中
日
文
化
　
二
ケ
国
語
の
面
白
い
中
日
文
化

目
录

双语趣谈中日文化　二ヶ国語の面白い中日文化

京都的前世今生

徐　睿

著名作家李碧华在《荔枝债》里说："再没有任何一个地方比日本京都更像魂牵梦萦的长安了。"去往京都，就仿佛来到了唐朝的长安。京都当然并非长安的翻版，这两个城市的渊源还要追溯到唐朝。

京都又称平安京。从公元 794 年桓武天皇迁都平安京，到公元 1868 年东京奠都为止，京都一直都是日本的首都。迁都平安京之时，日本频繁派遣遣唐使前往长安，将先进的中原文化带回日本。京都的最初选址就参考了中国的风水理论，并效仿当时的长安，建成了和长安类似的都市。京都南北长约 5.2 公里，东西长约 4.5 公里，远比之前的平城京要大不少，但是面积仅相当于长安城的五分之一。整个城市像围棋棋盘一样，被东西南北的大街小巷分割成一个个小块，中心地区是皇宫及各个政府机关集中的地方。

不仅城市布局参考了长安城，京都从宫城正大门到外廓城的城门之间，也有一条宽阔而气派的大道。这条大道，在长安叫朱雀大街，在洛阳叫天街。日本的朱雀大街宽 84 米，长 3800 米。从宫城正南门朱雀门出发，直通平安京正南方向的罗城门。一条朱雀大街将平安京分为东西两半，由于平安初期的嵯峨天皇喜好中国古风，便用了中国都城的名字来分别命名，即朱雀大街东侧的左京，取名洛阳城，西侧的右京，取名

长安城。

　　虽然按照规划，城市沿朱雀大街对称发展，但从实际地形看，右京（长安城）地势低洼潮湿，不宜居住，开发遇到了阻碍，结果居住区域和商业市场越来越偏向左京（洛阳城）。到了平安时代后期，右京逐渐荒芜，而左京日益繁荣。于是洛阳就成了整个京都的代名词。到了室町时代，幕府设在京都北小路室町，各路官员前去朝觐将军，称为"上洛"，久而久之，"上洛"也成为了习惯的说法。

　　第二次世界大战期间，美国为了迫使日本投降，决定投放原子弹，在拟投放名单上，不仅仅有广岛、长崎，还有京都、奈良。当时中国著名的建筑学家梁思成在战区文物保护委员会工作，为保护日本古建筑绘制了地图。在向盟军司令部提交地图的时候，他指出日本的京都属于日本的历史文化名城，有许多珍贵的古建筑，也是人类文明的一部分，不应该在战争中摧毁，所以建议，美国在军用地图上把京都有古建筑的地方都标注出来，把这些地方作为保护对象。美军经过多方考量最后并未对京都进行轰炸。因此，我们今天还能继续领略京都穿越千年的美好。

京都の前世と今生

徐　睿

　　著名作家李碧華が小説『茘枝債』で日本の京都ほど往年の都長安と深く結びついている場所は無い、と言っている通り、京都は千年の歳月を超えて唐時代の長安に来た感覚を呼び起こさせられる場所だ。京都はもちろん長安の焼き写しではない。長安は広大で活気に溢れていたが、京都は細やかでしとやかな雰囲気を持っている。それでも過去存在した都長安と現在の京都は、同じ唐の時代にルーツを辿ることができる。

　　京都は平安京とも呼ばれている。西暦794年の桓武天皇による遷都から1868年の明治天皇東遷まで、一貫して日本の首都だった。平安京への遷都の頃、日本は頻繁に長安に遣唐使を派遣し中国中原の先進的な文化を日本に持ち帰らせ、それを国内で崇敬した。平安京の選定には中国の風水理論が用いられ、当時の長安を模した都市が造られた。平安京は南北約5.2キロメートル、東西約4.5キロメートル、それ以前の平城京に比べれば大きいが、それでも長安の五分の一の広さに過ぎない。街は東西と南北に走る大路小路で碁盤の目のように四角に分割され、街の中心には皇宮と官庁がある。

　　平安京は長安を模し、宮城の正門から街の城門の間に道幅の広い堂々たる大通りが配置されたレイアウトになってい

3

る。長安の朱雀大街や洛陽の天街にあたる、平安京の朱雀大路は幅84メートル、長さは3,800メートル余りで、宮城の正門である朱雀門から街の南正門である羅城門を結んでいた。朱雀大路は平安京を東西に等分しているが、平安初期の嵯峨天皇は中国風を好み、朱雀大路の左京地域を洛陽城、右京地域を長安城と名付けた。

　資料によれば、当時の平安京の人口は15万人、朱雀大路を挟んで左右対称に発展するよう計画されていたが、しかし、実際の地形からすると右京地域（長安城）は低地で湿気が多く、居住には不向きで開発が困難であったため、結果的には左京地域（洛陽城）に居住・商業が偏ることになった。平安時代後期になると右京地域の荒廃が進み、左京地域は日ごとに繁栄したため、「洛」は京都全体の代名詞となった。その後室町時代に幕府が北小路室町に置かれ、官僚たちが将軍に謁見することを意味する「上洛」という言葉が定着した。

　第二次大戦中、アメリカは日本を投降させるため、原子爆弾の投下を決定したが、その候補地は、広島長崎に限らず、京都奈良も含まれていた。当時中国の著名な建築学家梁思成は、戦闘地区文物保護委員会で、日本の歴史的建築物の分布図を作った。彼は、連合軍司令部に対し、京都は貴重な歴史的建築を数多く持つ人類文明の貴重な一部分であり、戦火によって破壊されるべきではないと進言した。最終的にアメリカは京都に対しての攻撃をすることはなく、私たちは今日、千年の歳月を超えて受け継がれる京都の美を享受することができる。

烟雨中的唐招提寺

孙 瑶

　　"千里莺啼绿映红，水村山郭酒旗风。南朝四百八十寺，多少楼台烟雨中。"唐朝诗人杜牧的这首《江南春》，千百年来素负盛誉。这四句既写出了江南春景的丰富多彩，也写出了它的广阔、深邃和迷离。唐朝是中国封建社会经济文化发展的高潮时期，在这个强盛的朝代，建筑技术和艺术也有了巨大发展。现在保存完好的唐代"木构建筑"大都位于陕西省，然而知名度和社会影响力远不如其他文物遗迹，也并未得到国人的太多关注。然而有这样一个国外的建筑，每一砖，每一瓦，甚至每一个木钉，都最大限度地保留了最初修建时的唐朝韵味，这个建筑就是位于日本奈良的唐招提寺。

　　2014 年 7 月我带领学生赴日本参加 labo 民宿交流时，有幸与民宿家庭的伙伴一同前往唐招提寺参观。参观的前一天下过大雨，所以空气还有些潮湿。从车站下来往东走了十分钟才到寺庙大门，一路上四周都是农田水渠，放眼望去都是乡野风光。我和民宿伙伴开玩笑："别看这里现在是个村庄的模样，一千多年前可是奈良时代日本首都平城京的核心地带呢。"唐朝时，日本派遣唐使前来学习，其中最能说明奈良与大唐这层关系的就数唐招提寺，该寺仿照唐朝寺院的规制修建，极具盛唐的优雅与宏大，是日本佛教律宗的总寺院，也被誉为日本的国宝。

提到唐招提寺不得不提的一个代表人物，就是该寺的修建者——鉴真和尚。鉴真是扬州人，生活于中国的盛唐时期，幼年开始学习佛法，他天资聪慧，加上当时名师的指点，又经过十余年的辛勤传教，逐渐成为南方首屈一指的佛教律宗大师。同时期佛教已经朝鲜传入日本，但是缺少高僧的亲传且制度混乱。日本两名僧人受日本佛教界嘱托，跟随政府的遣唐使船队来到中国寻找合适的人选去传授戒律。最终他们来到扬州大明寺恳请鉴真前往日本传戒。富有冒险精神和牺牲精神的鉴真被日本使者的诚意所打动，同时也出于弘法的目的，于55岁高龄之际亲赴日本。然而传教之路非常坎坷，鉴真先后六次东渡日本，付出了很大的代价，终于在公元753年历尽千辛万难到达了日本，次年来到了奈良，受到了日本最高规格的接待，这时的鉴真已经66岁且双目失明。凭借着顽强毅力和执着精神，鉴真开始了在日本的传戒生涯，其中唐招提寺就是他亲自指导改建、于公元759年建成的。鉴真东渡对日本的帮助远远不止宗教界，他还将大唐的先进文化知识体系一同带到日本，包括医学、建筑、雕刻、绘画以及文学各个方面。

　　今天的日本奈良是一个位于关西地区、人口不足40万的城市，却有七处历史建筑被列为世界文化遗产。漫步在奈良街头，随处都可见到中国唐代风格的建筑，可以从众多细节中感受盛唐时代的瑰丽。梁思成先生曾说，"对中国唐代建筑的研究来说，没有比唐招提寺金堂更好的借鉴了"。今后若有机会再去京都、奈良，除了去公园散散步、喂喂小鹿，不妨来到这座古寺，感受这里散发出的截然不同的大气与优雅。漫步于唐招提寺中，抚摸着斑驳的建筑，请闭上眼睛一起穿越一千多年的时光，感受当时平安京的繁华与文明。

唐招提寺

孫　瑶

　　『江南の春』という詩は唐時代の有名な詩人杜牧の名詩
であり、千年にわたって賛美されてきた。「千里鶯啼いて緑
紅に映ず　水村山郭酒旗の風　南朝四百八十寺　多少の楼台
煙雨の中」と四つの句で江南地域の春景の豊富多彩だけでな
く、その独特な美しさも豊かさも描かれている。唐時代は古
代中国封建社会の経済社会と文化の絶頂期であるが、建築技
術や芸術の分野においても大きな発展があった時代だ。現在
よく保存されている唐時代の木製建築はほとんど中国の陝西
省に位置し、知名度と社会影響力は低く、他の遺跡ほど注目
されていない。しかし、中国国外において、すべての煉瓦も
瓦も釘までも唐代当時の雰囲気を最大限に残している建築が
ある。それは奈良の唐招提寺である。

　　2014年7月、学生たちと日本に交流活動で日本を訪れ
た際、ホームステイ先の家族と唐招提寺参観の機会を得た。
参観の前の日は大雨だったので、空気はまだ湿っぽいだっ
た。駅から唐招提寺の南大門までの徒歩10分の道すがら、
水を湛えた田んぼが広がる田野風景に私は冗談を言った。「こ
の素晴らしい農村風景からは想像できないが、千年前の奈良
時代ここは日本の平城京の中心地だったのだ。」唐代、日本
は遣唐使を派遣し唐に学んだが、奈良と唐の国との最大の結

唐招提寺

びつきはまさに唐招提寺なのだ。唐の寺院様式によって建てられた唐招提寺は盛唐時代の優雅さと広壮ぶりを備え、日本の仏教律宗の総寺院であり、国宝にも指定されている。

　そして唐招提寺と言えば、創建者である鑑真和上を抜きに語れない。鑑真は盛唐時代の揚州人で幼時より仏教を学び、その天性の聡明さに加え良き師の指導、十余年にわたる伝導活動を経て、中国南方で最高の律宗僧となった。この頃、仏教は朝鮮半島を経て既に日本に伝っていたが、授戒を授けることのできる高僧がおらず、仏教界は混乱していた。遣唐使船で僧侶2名を派遣し、中国で人選に当たった。その結果、揚州大明寺の鑑真に来日を懇願した。冒険心と献身の精神に溢れる鑑真は日本からの使者の誠意に打たれ、また仏法を広める目的から、55歳の高齢で日本に渡る決意をしたが、日本への渡航は辛苦を極めた。大きな代価を支払った末の6度目の挑戦で渡航はようやく成功し、西暦753年鑑真は日本に到着、翌年奈良に入り、日本側の最大級の歓迎を受けたが、このときすでに66歳、渡航の苦労から両目を失明していた。彼はその後も強い意志をもって日本の授戒制度を確立し、また唐招提寺建立を主導、759年に完成させた。鑑真の来日により、仏教界にとどまらず、医学、建築、彫刻、絵画及び文学等の各方面で唐の先進的な文化体系が日本にもたらされた。

　奈良は日本の関西地区に位置し人口は40万人に満たないが、街の7つの歴史的建造物が世界文化遺産となっている。奈良の街では随所で唐時代を思わせる建築物を目にすることができる。梁思成教授によれば「唐代の建築研究では、唐招提寺の金堂以上に参考になるものはない」と言う。私も奈良を再訪する機会があれば、この古寺に立ち寄り、当時の繁栄と文明に思いをはせたいものだ。

日本庭院与禅

李　玮

日本庭院受中国文化的影响很深，其中最具代表性的就是"枯山水"。枯山水是中国古典园林在汉代传入日本的。后为适应日本地理条件而被改造成缩微式园林景观，现多见于禅宗寺院。作为日式庭院的一种代表性景观，其主要特点是以山石和白砂为主体来象征自然界的各种景观。如白砂可以代表大川、海洋，甚至云雾，石头则可寓意大山、瀑布等。它同音乐、绘画、文学一样，可表达深沉的哲理，而其中的许多理念便来自禅宗道义，这也与古代中国文化的传入息息相关。

枯山水与大乘佛教的中国园林共同的基本特征，就是在有限的范围里呈现大自然的美，并以象征的方式来表现自然山水的无限意境。日本园林使用常绿树、苔藓、沙、砾石等静止、不变的元素，营造枯山水庭园，园内几乎不使用任何开花植物，以期达到自我修行的目的。因此，禅宗庭院内，树木、岩石、天空、土地等常常是寥寥数笔即蕴涵着极深寓意，在修行者眼里它们就是海洋、山脉、岛屿、瀑布，一沙一世界，这样的园林无异于一种精神园林。后来，园林不可缺少的水体等造园惯用要素均被一一剔除，仅留下岩石、沙砾和苔地，构成了典型的、流行至今的日本枯山水庭园。日本庭园早期受到中国的影响，但经过长期发展后，却也自成一格。这些不同形式的日本庭院，主要是受到由中国传入的禅宗佛教、茶和山水画等

多种元素的影响，产生出一种洗练、素雅、清幽的风格。

　　枯山水，以无水却让人感觉到水的表现方法，发展至今，自成一派，备受欢迎。人们将这种艺术从寺院搬到现实社会中，在一些家庭庭院里、公园里、展览厅内，甚至越来越多的餐厅中也不忘辟出一角，堆砌起独自的山水世界，既增加了艺术气氛，又拓展了空间。

日本庭園と禅

李　玮

　　日本庭園は中国文化の影響を深くうけているが、なかでも最も代表的なのは「枯山水」である。これは漢時代の庭園文化がその起源で、その後日本の地理に応じ、景観を縮写して表現する方法として発達し、現在多くの禅寺で目にすることができる。枯山水は日本庭園の代表的手法の一つとして、石と白洲を利用して自然界のさまざまな景観を象徴的に表現する。例えば、白洲は大河、海、さらには雲霧を表し、石は山や滝の寓意となる。これらは音楽、絵画、文学同様、奥深い哲理の表現であり、その中に含まれる理念は禅宗に由来しており、これもまた中国からの文化と深く結びついている。

　　大乗仏教に基づく中国庭園と日本の枯山水の基本的な特徴は、有限の空間で大自然の美を呈することであり、象徴という手法をもって自然の風景の無限の境地を表現する。日本では常緑樹、苔、砂、砂利等を静止する不変の要素として用い、園内には開花する植物は置かずに、枯山水庭園を造営するが、これは禅修行の目的に達することを目指しているためだ。禅寺の庭園では、樹木、岩、石の数も少なく、さらには空間と土地もほんのわずかしかないが、それぞれが深淵な寓意を含んでおり、修行する者の目にはそれらは海であり、山であり、島であり、滝であり、砂一粒が全世界でもある。こ

のような庭は精神の庭に他ならない。枯山水の発展過程で、庭園造営に欠かせない水等の要素が一つずつ取り除かれ、岩と石、苔のみが残り、典型的かつ現在にまで続く日本枯山水のになった。日本の庭園文化は初期には中国の影響を大きく受けたが、長期の発展を経て独自の風格を獲得したと言える。時代により異なる日本庭園の様式は、中国から伝来した禅宗仏教を軸として、茶道や山水画等の影響を受けてある種の洗練と質素のなかの優雅さ、清らかさを増していった。

　枯山水は水を用いないが、逆に水を想像させるという表現方法で、発展の末、一つの流派となり、支持を得ている。現在この庭園芸術は寺院から外に飛び出して、庭、公園、展覧スペース、もしくはレストランで、独自の山水世界を展開し、芸術的雰囲気のなかで、目に見える以上の空間を作り出す役割を果たしている。

榻榻米

黄　敏

　　提到日本传统的和式住宅，我们首先会想到的是榻榻米。我们通常认为榻榻米起源于中国古代的"席居"。席居，顾名思义是指中国古人席地而坐、择地而卧的生活方式。席居的生活方式，至汉朝发展到顶峰。汉至唐四百年间，凳子及高脚床开始盛行，席居方式在中国逐渐衰落。盛唐时期，这一方式经日本的遣唐使传入日本，在日本传承发展，深受日本大众喜爱。

　　早在 16 世纪末，日本社会就有按榻榻米修建房子的做法。一张榻榻米的面积是 1.65 平方米。在古代日本，有的地方房屋税的多少曾是由榻榻米的张数来决定的。与日本风俗文化结合后，榻榻米成为传统房间"和室"铺设地面的材料，是其家居文化的重要部分。5.5 厘米厚的榻榻米还可吸湿，冬暖夏凉，特别适合在日本的气候条件下使用。

　　关于榻榻米，还有很多的禁忌和说法。一种说法是榻榻米的边框都是用植物染的麻布或是绸子做的，容易掉色，所以用起来得很小心；还有一种说法是榻榻米的边框非常郑重，绘有象征"家徽"的"纹缘"。除了家徽之外，还有以动植物的图案为主题的边框。

　　榻榻米边框上印刻的无论是家徽还是动植物图案都可以看出日本人对事物"美"的理解和追求。从小小的榻榻米中我们可以窥探日本人的居住文化和习惯，甚至宗教信仰和国民价值观。

畳

黄　敏

　　伝統的な和風住宅について語るとき、我々中国人がまず
思いつくのは畳であろう。畳は中国古代の「席居」から来た
ものだと思われる。席居という名称から明らかなように、こ
の言葉は、中国古代の人々がその場の地面に座り、横になる
生活方式を指すものである。漢の時代には、その発展が頂点
に達していた。漢から唐にかけての 400 年間の間、背もたれ
のない腰掛けと高足ベッドが流行るようになったため、席居
は中国において次第に衰えた。一方、唐の隆盛期に、この方
式は遣唐使によって日本にもたらされた。その後、日本で伝
承され、日本に深く根付いた。

　　16 世紀末頃、日本では、畳に合わせて部屋を作る慣習
があった。一畳当たりの面積は 1.65 平方メートルである。
古代日本の一部の地域ではある時期畳の数に基づいて家屋の
納税金額が決まった。畳は、日本の風俗・文化と融合し、伝
統的な和室の床面に敷く材料となり、住宅文化の重要な一部
になった。厚さが 5.5 センチあり、湿気を吸収することがで
きる畳は、冬は暖かくて、夏は涼しい。日本の気候条件に非
常に合うと言えよう。

　　また、日本では畳に関する多くのタブーや言い慣らわし
などがあるようである。畳の縁は植物で染めた麻や絹なの

で、退色しやすいため、歩くときに気を付けなければならないという。また別の言い方では、畳の縁は非常に厳かなもので、家紋を象徴するデザインとなっている場合がある。家紋のほかに動植物のデザインもある。

　畳の縁の柄が、家紋にせよ、動植物のデザインにせよ、それらは日本人の美しさに対する理解と探求心をよく表している。我々は小さな畳から日本人の生活文化と習慣、さらには宗教・信仰、国民の価値観などを伺うことができるのだ。

畳

和服里的唐风遗韵

严东淑

　　和服，是日本的传统民族服饰。在江户时代之前，又称"吴服"，顾名思义，与中国的吴地有很大的关联。直到现在，日本制作和服的店面，用日语表达，也为"吴服屋"。

　　据日本古代史书《日本书纪》记载，汉献帝的后代刘阿知带领族人移民到倭国，他带去了先进发达的中原文化，很受当时的应神天皇尊重，还受其委派，去吴地请了几位织姬，到倭国传授丝织技术和缝制技术。

　　后来，中原地区与倭国的交往时断时续。直到隋唐时期，日本仰慕盛唐文化，舒明天皇派遣遣唐使进入唐朝，日本才开始了对中国的全面学习。中国的许多律令制度、文化艺术、科学技术以及风俗习惯等都通过这些遣唐使传到了日本，对日本的社会发展产生了重大的影响。这其中就包括了服饰，这也是日本和服的最主要来源。整个奈良时代，日本贵族服饰几乎与唐朝相差不大，《倭人传》中也有关于唐衣的记载，这就是和服的雏形。

　　到了平安时代，为结合本民族特色和时代风气，唐衣开始朝奢华和衣袖宽大方向发展，最著名的"十二单"就是在此时流行起来的。十二单深受日本贵族喜爱，直到现在仍旧是日本皇室女性参与登基、祭祀活动及出嫁时的正式礼服。后来经过镰仓、室町、安土和桃山几个时代的发展，和服在样式上与刚

传入日本时的唐衣相比已区别巨大。幕府政权建立后，德川家光发布"锁国令"，日本社会进入二百余年的和平时代，日本和服也几乎在此时定型。

和服借鉴了中国唐代服饰的图案花纹和整体风格，以吴地的纺织技术为内涵，经过数千年的本土发展，完成了民族化，成为展现日本民族特色和美学观念的显著代表。和服的内涵与中华文化中深层内敛之本质不谋而合；和服中蕴含着中华文化的外在美和内在美。

和服に残る唐の香り

严東淑

　　和服は日本の伝統的な民族衣装である。江戸時代以前には「呉服」とも呼ばれ、その名通り中国の呉地方と深い関係がある。現代に至っても、和服を仕立てる店は「呉服屋」と呼ばれる。

　　日本の古代史書『日本書紀』によれば、漢の献帝の子孫、劉阿知が一族を引き連れて倭国へ渡って定住し中国の先進的な文化を持ち込んだという。当時の応神天皇がこれを尊重し、さらに呉国へ使いを出し織姫数人を招き、倭国に織物と縫製の技術が伝わった。

　　その後、中国中原地区と倭国の交流は途切れた時期もあったが、隋唐時代に至るまで日本は中国の文化を敬慕し、舒明天皇の時代に遣唐使の派遣が始まった。中国の律令制度、文化芸術、科学技術及び風俗習慣は遣唐使を通じて日本に伝わり、日本社会の発展に大きな影響をもたらした。その中で服飾も、中国から渡来し、日本の和服の主たる起源となったのである。奈良時代では、日本の貴族の服装は唐の貴族のそれとあまり差異はなく、「倭人伝」中の唐衣の記載は、まさに和服のひな型である。

　　平安時代になって民族的特色と時代の気風が結合し、唐衣はより豪華で袖を大きくする方向に発展し、有名な「十二

単」がこの時期から流行した。十二単は日本の貴族に深く愛され、現在に至るまで、日本の皇室の女性の儀式、祭祀、結婚の際の正式の礼装となっている。その後、鎌倉、室町、安土桃山の各時代を経て、和服は、最初に渡来した時期の唐衣から発展し、独自の様式になった。徳川政権の成立後、徳川家光が鎖国令を発し、日本は 200 年余の安定期に入り、この時期に和服のかたちが定まった。

　　和服は呉地方の紡績技術を内包し唐代服飾の柄や全体としての風格を手本としながらも、日本での数千年の発展を経て日本の環境に根付き、日本人のオリジナリティと美意識を顕著に表すものとなった。和服のなかに息づくものと中国文化の深層にある本質は図らずも一致する。私たちは和服を目にするとき、中華文明のうちそとの美を感じとることができる。

和服に残る唐の香り

汉方在东瀛

李　玮

　　日本的传统医学叫汉方医学，有时也称为东洋医学或和汉医药学。汉方医学是自中国南北朝起陆续传入日本的中医学，经过日本医家在长期临床实践中加以补充发挥而逐渐形成的，它兼有中国文化和日本文化的多种特征。

　　日本的远古时代也曾有过自己比较简单的医术，随着东亚海上交通事业的发展，公元 4 世纪末，中国古代的医学思想通过朝鲜开始传入日本，接着，源于印度的佛教医学也随着佛教一并传入日本，中国与日本之间的文化交流不断增多，日本原始医学开始接受中医药文化的滋养。当时日本的僧侣兼做医生，他们在修习佛法的同时学习中医药学，这成为一种时尚。公元 562 年，属中国南北朝时期，吴人知聪携带《明堂图》等中医著作及儒家典籍、佛像等物品转从高丽到达日本，知聪成为有文字可考的最早将中医药文化传入日本的中国医学家。从公元 7 世纪初期开始，中国隋、唐、宋、元、明、清代的医学成果相继大量传入日本。不过，作为日本化了的中医学，汉方医学在江户时代（1603—1868）之前尚未形成，因为那时的日本医学还处在对中医学的原样照搬阶段，尚不具备自身在理论和技术上的特色。例如，日本现存的最早医书《医心方》只不过是根据中国隋唐的医学书籍收集和整理而成。

　　唐代是中医药发展的高峰时期。唐朝也有很多有识之士东

渡日本，带去了先进的中医药学知识，鉴真就是其中最杰出的代表。鉴真作为大德高僧，精通医药、针灸等治疗疾病的学问，他给日本带去的不仅有佛教经典，而且有大量医书及中药材。鉴真赴日后，曾为光明皇太后治愈顽疾，被天皇授大僧正。不仅如此，鉴真还将中药材的鉴别与炮制技术一同传入日本，他在传扬佛法的同时，将中药丸、散、膏、丹、酒、露炮制技术传授给日本医生。其丰功伟绩受到日本人民的充分肯定和高度赞扬，被尊为"日本神农"。

与此同时，中国药膳食疗著作也从汉代起至清代不断向日本传播，中医药膳食疗学作为集中医和中国饮食文化精华而形成的一门学科，先后有超过 400 部专著通过官方或民间的文化交流活动传入日本。刚开始时是以药物的名义传入，后来慢慢成为日本民众的日常饮食，如糖、七草粥、屠苏酒等。中医药膳食疗改变了日本人的饮食习惯，在其饮食文化形成的过程中起到重要作用。

日本における漢方

李　玮

　　日本の伝統医学は漢方医学もしくは東洋医学、和漢医薬学とも呼ばれる。漢方医学は中国南北朝の時代に日本に大量に伝来した中国医学であり、日本の医学者の長期にわたる臨床実践を経て発展、現在のかたちとなり、中国文化と日本文化の両方の特徴を併せ持っている。

　　古代の日本にも簡単な医術はあったが、東アジアの海上交通の発展に伴い、4世紀末、中国古代の医学思想が朝鮮半島を通って日本に伝わった。その後仏教伝来とともにインドを起源とする仏教医学も日本に入り、中国と日本の間の文化交流も絶えることなく増加したことから、日本の原始医術は中医文化の滋養を受け入れ始めた。当時日本の僧侶は医師を兼ねており、彼らは仏法と同時に中医学を学んだため、中医学がある種の流行となった。西暦562年、中国の南北朝の時代に呉人知聡が『明堂図』等の中医学著作と儒家典籍、仏像等を携えて高麗を通って日本にやってきた。知聡は、記録で確認できる限り最も早い時期に中医文化を日本に伝えた中国の医家である。その後西暦7世紀の初期から、隋、唐、宋、元、清の各時代の医学の成果が大量に日本に伝えられた。しかし、この時期、日本の漢方医学は中医学の日本版にすぎず、中医学の教えに沿ってその経験を真似る段階にとどまり、未

だ独自の理論や技術上の特色を実現できていなかった。例えば、現存する日本最古の医書『医心方』の内容も、中国隋唐の医学書に基づいた収集と整理に過ぎない。

　唐代は中医学の発達が最高峰に達した時期である。この時期にも大勢の知識人が日本へ渡り先進的な中医学の知識を日本へ伝えた。中でも鑑真が最も傑出した人物である。鑑真は高僧として医学薬学、鍼灸にも精通しており、仏教経典以外に大量の医書と中国薬材を日本に持ち込んだ。鑑真は来日後、光明皇太后の病気の治療にあたり、天皇から大僧正の位を賜った。また、中国薬材の鑑別と製薬の技術も鑑真によって日本に伝わった。彼は仏法を教えるのと同時に丸薬、散薬、軟膏、練薬、酒、水薬の製法を教え伝えた。鑑真の偉大な功績は日本人から大きな称賛の的となっており、「日本の神農」とも呼ばれている。

　またこのほかに中国の薬膳療法の著作も漢代から清代にかけて絶えず日本にもたらされ、中医学の薬膳療法は中国飲食文化のエッセンスとして研究の対象となった。400部を超える著作が、公式もしくは民間のルートで日本にやってきた。最初の段階では薬物の名称が日本に定着し、その後砂糖、七草がゆ、屠蘇などの例にみられるように、日本の民衆の日常的な飲食習慣に変化をもたらし、飲食文化の形成にも大きく貢献した。

蹴鞠与日本足球

陶延妍

若问现今世界，哪项体育运动会带动全球的浪潮，那无疑是足球。虽然现今足球强国不在亚洲，但你可知道，足球源自亚洲，源自中国。对于这个结论，各国虽有争议，但国际足联早已确认，足球，起源于中国古代的蹴鞠。

在我国古代，蹴鞠最早是属于贵族的游戏，随着时代的变迁，才渐渐走入民间。蹴鞠一词，最早见于《史记·扁鹊仓公列传》。《战国策·齐策》中记载了齐国人丰富多彩的生活场面，其中提到的"蹋鞠"就是蹴鞠，这也是中国开展"蹴鞠"活动最早也是最明确的记载。可见，在战国时期，蹴鞠已发展成一种在民间广为盛行的娱乐方式。到了汉朝，蹴鞠大规模发展，除了娱乐性的，更出现了表演及竞技蹴鞠。而蹴鞠最繁荣的时期，应该是在唐宋年间。不仅更具有规则性，还有专门从事蹴鞠的艺人。而最值得一提的是，在唐宋时期，经由海上丝绸之路，这项体育运动由当时的遣唐使传入了西亚、日本等国，后来又远播埃及、希腊、罗马、法国和英国等地，并在英国发展为现代意义的足球。

"蹴鞠"一词，从平安时代开始，出现在了日本的古书中，且这项运动迅速盛行于日本宫廷，在日本落地生根。而从室町时代到江户时代，蹴鞠已经普及到了日本民间。但1873年，英国海军官员和日本人进行了一场类似现代足球的比赛，日本

人第一次认识了现代足球，之后蹴鞠便渐渐地消沉了。

蹴鞠曾受到日本很多皇室的喜爱，不少天皇及贵族都是蹴鞠高手，特别是明治天皇，可以说是既踢又教。为了不让蹴鞠这项运动在日本就此消失，明治天皇以保存传统文化为目的，设立了"蹴鞠保存会"。因此，时至今日，日本皇室中仍然保留着蹴鞠这项运动，成为皇室贵族日常的游戏之一。

新年伊始，日本一些地方表演者身着日本传统服饰，进行新年蹴鞠表演。日本的神社也会举办纪念蹴鞠的各项活动。虽然深受西方足球市场的影响，日本足球仍然保存了自身独特的传统——日本高中蹴球联赛。

"蹴球"，在日语中，这个词就代表足球。日本足球源于中国蹴鞠，"蹴球"一词应该是最好的证明了。

蹴鞠与日本足球

蹴鞠とサッカー

陶延妍

　現代社会でどのスポーツが世界を揺るがす勢いを持っているかと言えば、間違いなくサッカーだろう。サッカーの強国は現在アジアにはないが、サッカーの起源はアジア、中国にある。この論に対し、各国それぞれの主張があるものの、国際サッカー連盟はサッカーの起源が古代中国の蹴鞠にあることを以前から認めている。

　中国古代において蹴鞠は最も早い時期には貴族の遊びであった。時代の変遷を経て民間に伝わった。蹴鞠という言葉は、最も早くには『史記・扁鵲倉公列伝』に見られた。『戦国策・斉策』では、斉国人の多彩な生活場面が記されたなかに、「蹋鞠」として挙げられているのがつまり蹴鞠であり、これは中国における蹴鞠遊びの最も早くかつ最も明確な記述である。戦国時代には、蹴鞠は民間に広く普及する娯楽となった。漢代に至り、蹴鞠は更に発展し、ボールを蹴って楽しむ以外に、演出として見せたり専門競技としても発達した。そして蹴鞠が最も人気を得たのは、唐と宋の時代であったと考えられ、競技ルールが確立し、蹴鞠をなりわいとする芸人も現れた。また、忘れてはならないのは、この唐・宋の時代に海上シルクロードを経て、このスポーツは西アジアや日本などに伝わり、その後エジプト、ギリシャ、ローマ、フランス、イギリ

双語趣談中日文化　二ヶ国語の面白い中日文化

26

スなどの地に伝播した。イギリスでは、現代サッカーへと発展したが、日本でも後世につながる根を下ろした。

　日本では、蹴鞠という言葉が平安時代から書物に現れはじめ、宮廷でも急速に広がっていった。室町時代から江戸時代にかけて蹴鞠は民間に普及したが、1873年、イギリスの海軍士官と日本人がサッカーの試合を行なったことで、日本は初めて現代サッカーの洗礼を受け、その後蹴鞠は徐々にすたれた。

　蹴鞠は日本の皇室の愛顧を受けており、歴代天皇や貴族の多くは蹴鞠の名手だったが、特に明治天皇は自ら鞠を操る一方で、日本でこの伝統競技の消滅を防ぐ目的で「蹴鞠保存会」を設立した。これにより今日に至るまで、日本の皇室では蹴鞠が伝承されており、皇族たちの日常的な遊びの一つになっている。

　また、新年の始まりに伝統的な服飾をまとい、新しい年を祝う蹴鞠を披露するイベントが行われる。西洋サッカーを受け入れながらも、日本は依然自らの伝統――日本高校蹴球リーグ戦を守っている。

　「蹴球」とは日本語でボールを蹴る意味でサッカーがその代表であるが、日本のサッカーは中国に起源を持つことがこの言葉からも証明される。

蹴鞠とサッカー

日本年号趣谈

徐 睿

平成三十年，也就是 2019 年的 4 月 1 日，日本内阁官房长官宣布日本的新年号为"令和"。日本从 5 月 1 日起进入令和时代。新年号"令和"取自日本最早的诗歌集《万叶集》，诗中说道"初春令月，气淑风和，吟咏梅花"。"令月"本是吉月之意。日本首相安倍晋三随即针对新年号发表讲话："希望日本人可以像严寒过后初春来临时盛开的梅花那样，带着对明天的希望，各自绽放精彩人生。"这是日本自公元 645 年效仿大唐开始使用年号制以来，第一次从日本典籍里选用年号。

年号制度始于中国，在封建王朝早期，中国只有纪元并无年号。汉武帝初创年号制度，定年号为"建元"，而后成为传统。年号的使用包含着封建君主对统治期间国泰民安、风调雨顺的美好祈愿。

隋唐时，日本派遣唐使、遣隋使，前往中国学习先进的文化制度，并效仿唐帝国使用年号制。日本的第一个年号为"大化"，典出中国的《易经》："大化流衍，生生不息，阴阳相动，万物资生。"这是《周易》为人们描绘的一幅关于世界万物的起源、构成、生化与变迁的图式。从那之后，日本的年号大多是从中国的古籍中取名。从"大化"到"平成"，一共使用了 247 个年号。

1868 年 9 月，年仅 16 岁的睦仁天皇正式登基，改元为"明

治"，开始了一场现代化的改革运动，也就是"明治维新"。"明治"这一年号取自中国古籍《易经·说卦传》："圣人南面而听天下，向明而治。""维新"也取自中国古籍《诗·大雅·文王之什》："周虽旧邦，其命维新"一句，意指变旧法而行新政。明治之后的年号大正也来自《易经》："大亨以正，天之道也。"发动侵华战争的昭和天皇，其年号昭和则是源于《尚书·尧典》："百姓昭明，协和万邦。"至于平成，则是来自《史记·五帝本纪》"内平外成"与《尚书》"地平天成"之语，取其"内外天地能够和平"的意思。

中国自明朝确立"一世一元"制，而日本则在"明治维新"以后才开始形成一代天皇一个年号的制度。持续时间最长的年号是"昭和"，长达六十四年。1979年日本制定《元号法》，规定年号变更由内阁总理大臣指定一些博学多识之士，提出几个备选名单，咨询参众两院议长等人意见，再交由内阁会议讨论决定。年号产生要经过重重筛选，竞争相当激烈，历史上，有的年号被提名四十次都还没被选中。

日本是世界上唯一一个还在使用年号制度的国家，在滚滚的历史长流中，从年号可以一窥日本历史的发展脉络。在新开始的"令和"时代，也期待着日本如年号所期许的那样，迎来更加美好的明天。

年号あれこれ

徐　睿

　　平成三十年すなわち 2019 年 4 月 1 日、日本の内閣官房長官は新年号を「令和」とすることを発表し、日本はその翌月 5 月 1 日から令和時代に入った。新年号「令和」は日本の最も古い詩歌集『万葉集』中の梅の花を詠んだ歌を集めた序文「初春の令月にして、気淑く風和ぎ、梅は鏡前の粉を披き、蘭は珮後の香を薫らす」という文章から取られている。このなかで「令月」とは吉月の意味だ。安倍晋三首相は、談話のなかで「厳しい寒さの後に春の訪れを告げ、見事に咲き誇る梅の花のように、一人一人の日本人が明日への希望とともに、それぞれの花を大きく咲かせることができる、そうした日本でありたい。」と語った。これは日本が西暦 645 年に唐に倣って年号制を開始して以来、初めて自国の典籍から選び取った年号なのだ。

　　中国でも封建時代の早期には、黄帝即位を元年として数える紀元のみがあり、年号はなかった。漢の武帝が初めて年号制度を開始し、「建元」という年号を定め、その後はそれが倣いとなった。年号を使うことは封建君主の統治期間の国家と民衆の泰安、気象の安定祈願と結びついていた。

　　隋唐時期に日本は遣隋使、遣唐使を派遣し中国の先進的な文化制度を学んだなかで年号制も例外ではなかった。日本

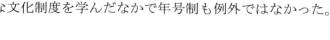

の最初の年号「大化」は中国の『易経』中の「大化流衍，生生不息，阴阳相动，万物资生。」から取られたものだが、これは、周易が人間のために書き描くこの世の万物の起源、構成、変化の図式を表現したものだ。「大化」後も日本の年号は全て中国の典籍から題材を経て、「平成」まで、全部で247の年号が使われた。

1686年9月、当時わずか16歳の睦仁天皇が即位し、「明治」と改元され、現代化の改革運動が日本全国で始まった。これが「明治維新」である。「明治」という元号の名前は中国の『易経・説卦伝』中の「聖人南面而聴天下、向明而治（聖人が南を向いて着座し、正しい姿勢を執って政治を聴けば、天下は明るい方向に向かって治まる）」から来ている。また「維新」も『詩・大雅・文王之什』にある「周旧邦其命維新（周は旧邦なりと雖も、其の命維れ新たなり）」という言葉から取られ、旧法を変え新たな政治を行う意味で広まった。明治のあとの年号「大正」も『易経』の「大亨以正，天之道也」が起源だ。日中戦争を仕掛けた昭和天皇の「昭和」は『尚書・堯典』の「百姓昭明、協和万邦（人々が徳を明らかにすれば世界の共存繁栄がはかられる）」から来ている。その後の平成は、『史記五帝本紀』にある「内平外成」と『尚書』の「地平天成」からすなわち、「天地内外から平和が達成される」という意味となる。

中国は明代から「一世一元」制をとってきたのに対し、日本は明治以降になって初めて「一代天皇一年号」制とした。年数が最も長い年号は昭和であり、64年に及んだ。1979年、日本は元号法を制定し、年号の変更は内閣総理大臣が指名する有識者会議により検討し候補となる年号のリストを作らせたうえ、衆参両議院議長等の意見を聞いたうえ内閣閣議で決定することを定めた。年号は誕生までに何度もふるいにかけ

年号あれこれ

31

られ、競争は激しく、歴史上これまで40回も候補に上がり
ながらまだ選ばれていない年号もある。

　日本は世界で唯一年号制度を持つ国で、歴史の流れのな
かで年号からもその国家発展の脈絡を垣間見ることができ
る。新しい令和の時代に、令和の名が表す通りの美しい未来
が実現することを願ってやまない。

箸在东瀛

黄　敏

　　如果以吃饭时获取食物的方式为基准，世界可以被划分为三部分：用手的占四成，用筷子和用刀叉的各三成。众所周知，日本和中国同属汉字文化圈和筷子文化圈。日本从中国引入筷子后，在本国的饮食生活中逐渐推广，赋予其新的内涵和文化意义，并产生了日本独特的筷子文化。

　　在日语中，筷子称为"箸"。按照日本人的说法，日本料理是"从筷子开始，以筷子结束"。根据史书记载，日本首次正式使用筷子可以追溯到隋朝裴世清使团访问日本时的宫廷宴会。圣德太子听了遣隋使者——小野妹子对隋朝宫廷宴会的描述，决定用中国礼仪宴请中国使团，箸食制度由此引入到日本。随着中日文化交流不断深入，到了奈良时代（710—794），随着唐风盛行，筷子从贵族阶层逐渐进入日本的普通家庭中，唐箸在日本人的饮食生活中得到普及和发展。

　　日语中，"箸"的训读与日语汉字"端""橋"相似，在意义上，日本认同儒家文化，箸基本沿袭中国理念。"端"指制作箸的材料仅是竹子或木头的局部，也可以用来表示筷子形状首方足圆，将天与地连为一体，表示人们对天地赐予食物的感恩之心。"橋"指碗中的食物和嘴巴之间，需要一个"橋"才能进食。在日本，举行庆祝活动时使用名为太箸的竹筷子，这种筷子中间鼓起，据说一头由神灵使用，另一头由人使用，筷

子起到了桥梁的作用，体现了日本神人合一的宗教思想。

与中国多用竹筷不同，日本筷子多木质、稍短、尖头粗尾，这是为了适应日本饮食多生冷、分餐制的特点，使用起来更方便。另外，日本还有专门放筷子的盒子。在家庭中，筷子不混用，每个人的筷子是固定的。筷子放在桌子上是横着摆放的。

因为他们不像中国，很多人围着桌子吃饭，使用长筷子可以轻松夹到远处的菜，甚至帮别人夹菜。日本人就餐时，每个人面前都有一份饭菜，所以筷子不需要那么长。公用筷和方便筷的产生都源于日本。日本人认为，筷子在用后灵魂会停留在上面，不能让别人玷污了自己的灵魂而使自己遭受灾祸，因而在筷子的使用上有多达几十种禁忌。

比如，用筷子在盘子里搅拌、寻找自己喜欢的食物，把筷子叼在嘴里，用筷子挠头等这些都是没有礼貌的"厌恶之筷"。另外，在日本人看来，就餐中两个人用筷子传递食物，或给别人用长短不一亦或是材质不同的两根筷子是不吉利的。日本习俗认为，死亡是从此岸抵达彼岸，使用骨箸捡拾火葬后的尸骨，这种筷子的长度或者材质要不一样。亲朋之间一起用筷子把死者的骨头从骨灰中捡出来放到骨灰罐中，或者由一个人用筷子传给另一个人，再由这个人放入罐中。筷子在这种习俗中承担了逝者到达彼岸的桥梁作用。供奉在死者枕边的供饭上是插着筷子的，所以把筷子插在米饭里会让人联想到法事。还有，"握筷子"是将两支筷子合拢使用的方法，就餐中，握筷子这种动作表示攻击的意思，非常危险。

在日本，就餐时应多注意使用筷子的礼仪，以免在文化交流中产生不必要的误解。通过小小的筷子及其背后的文化意义，我们可以感知日本是一个很善于学习、创新的民族，在吸收中国文化的同时，又与自己的民族特点结合，进行相应的改造，这一点也值得我们学习。

東瀛の国の箸

黄　敏

　　食事の際の食べ物の取り方を分類すると、世界は三つに
分けられる。手を用いるのが4割、箸とフォークがそれぞれ
3割になるだろう。漢字文化圏の日本と中国は、箸文化圏に
属している。日本は中国から箸を取り入れ、完全な箸習慣の
国となったうえ、箸に新たな文化的意義を付け加え、日本独
自の文化を生み出している。

　　中国語で「筷子」と呼ばれる箸だが、日本には「料理は
箸から始まり箸に終わる」という言い方がある。歴史書によ
れば、日本で初めて箸が公式に使われたのは、隋の使節裴世
清を迎える宮廷内での宴会だった。聖徳太子は隋宮廷での宴
会の様子を遣隋使小野妹子から聞き、中国式の儀礼で隋の使
節団をもてなすことを決めた。このようにして箸文化は日本
に導入され、奈良時代（710年から784年）になると日中文
化の深化につれ、唐風の生活様式が流行し、箸は貴族階級か
ら一般家庭にも浸透した。

　　日本語では、「箸」は「端」そして「橋」と同音で、儒
教に親しんだ日本人にとって箸は中国思想を具現するもので
もあった。「端」については、竹もしくは木を材料とする箸
の持ち手側の一端は方形で地を表し、先端は丸い形状で地を
表す。箸の二つの端は天と地を結び、食物の恵みをもたらす

天地への感謝を表していると考えられた。また「橋」については、椀のなかの食べものと口のあいだを橋渡しするのが箸という考え方である。祝いの際に使われる太い箸は祝箸と呼ばれるが、この箸は中間部分がやや太く作られており、これは、箸の一方を神霊が使い、もう一方を人が使うという天人合一の思想に由来しており、箸が人と神をつなぐ橋の役割を果たしている。

　中国では竹の箸が多いが、日本の箸は木製が主で長さもやや短く、持ち手を太く、先端を細く作っているが、これは、生食が多く、1人がひとり分ごとに分けた食事をとる日本の飲食文化に適した形状である。他に、日本には箸を置くための箱が存在する。また、家庭のなかでは箸は混用されず、各人が自分の箸を使う。箸の置き方は横向きである。

　日本では人が集って食卓を囲むときに長い箸を使って遠くにある食物を取ったり、他人のためにおかずを取ってあげたりという中国式の習慣はない。食事の際は、各人の前に一人分の食物が置かれるので長い箸は必要ない。箸を使って食事したあと、ひとの霊魂が箸に残り、他人に箸を使わせることは魂にとって災いとなるという考え方がある。このため共用箸と使い捨て割り箸が生まれた。箸の使用にはたくさんの禁忌が存在する。

　例えば、箸を使って皿のなかの自分の好物を探す「こじ箸」、箸をくわえる「くわえ箸」、箸で頭などを掻く「掻き箸」などの行為は日本では忌むべき無礼な行為だ。他にも箸から箸へと食べ物を受け渡す「箸渡し」や、人に、一本ずつ長短の異なる組合せや材質が違う組合せの箸を使わせることも不吉な行為とみなされる。日本では、人は死ぬとこの世から彼岸に行くと考えられているが、火葬後、家族や友人は長さや材質の異なる箸を使い、灰の中から死者の骨を拾って、骨壺

に入れていく。この際、一人が使った箸を次の人が使い、続けて骨を拾う習慣もある。このように箸は、死者をあの世へ送る橋渡しの役割も果たしている。死者の枕元には、箸をつき立てた枕ご飯が置かれるため、茶碗に盛ったご飯に箸を挿すことは仏事を連想させるタブーだ。箸を二本あわせて握るのも攻撃姿勢の表れであり嫌われる。

　日本では、食事に際して箸の使い方に注意し、不要な誤解を生むことのないよう気を付けなければならない。箸は小さな道具だが、その文化的背景は広く深い。箸を通じ、私たちは日本人が学習能力に富んでおり、中国の箸文化を吸収すると同時に、自らの民族的特徴に合わせて独自に発展させたことがわかる。これについて、私たちにも学ぶ点は多い。

東瀛の国の箸

流水素面和曲水流觞

吴　敏

　　2014 年的夏天，我有幸参加了日本 labo 国际交流中心在鸟取县大山国家公园举办的国际夏令营活动。初入大山，满眼都是清凉的绿色，一扫前几日来的疲惫和炎热，令人心旷神怡。夏令营的策划者设计了丰富有趣的文化体育活动，供大家选择参加。其中有一项叫作"流水素面"的游戏活动吸引了我，据说是一种老少咸宜的有趣的消暑游戏项目。

　　活动现场是在大本营前面不远的一块空地上，工作人员事先搭好高度约两米的棚子，棚子里高低错落地树立着几根简易的柱子，用纵向劈成了两半的竹筒相互连接，弯弯曲曲形成一条人工水路，再从上游开始注入清水，然后将煮熟的素面顺水流下，站在不同位置的参与者伸筷子抢着去捞经过眼前的素面。整个过程充满了欢声笑语，吃着清冽泉水冰镇过的素面，炎炎夏日中大家似乎忘却了高温潮湿的天气，个个充满了活力。

　　这个消暑游戏深得大家的喜爱，小孩子们更是兴奋极了，笑着抢着去捞素面，我动作慢了一点，稍微谦让了一下居然没有捞到。随着最后一团梅子口味的红色素面顺水流下被一个身手敏捷的小男孩捞走，活动宣告结束。虽有没有捞到素面有点小遗憾，但是真的很有趣，给我留下了深刻的印象。据说这个夏日应景的活动最早起源于昭和三十年（1955）日本九州的宫

崎县高千穗町，是野外劳作者的创意，后来逐渐在日本流传开来，成为夏日独特的风物诗之一。

凝视着竹筒搭建的人工水道，我不由得想起了中国古代文人的雅趣：三月三日上巳节的"曲水流觞"。和"流水素面"一样也是利用了曲折的水流，不同的是，中国放的是酒杯，是一种自古流传的习俗。最早据说可以追溯到西周初年，《诗经》中"羽觞随流波"的诗句可以为证。中国的曲水流觞有两个作用，一个是娱乐功能，另一个是祈福免灾。人们在三月三上巳日会坐在河流沟渠两边，在上游放置酒杯让其顺流而下，酒杯停在谁面前就由谁取杯饮酒以求祛灾免祸。

王羲之在《兰亭集序》中就详细地描述了这一盛事，可见在晋朝时，曲水流觞已经发展成了文人们诗酒唱酬的雅好。而兰亭就是一个典型的举办"曲水流觞"的场所"流杯亭"，直到现在，很多古迹或仿古建筑中都喜欢保留这样一个饶有趣味的建筑。北京现今还保存有五座流杯亭，最早的是明代所建的位于中南海的"流水音"。"流杯亭"这种样式的建筑在大约1000多年前经由朝鲜半岛的高丽国传到日本，据说现在在韩国和日本都保留有"流杯亭"样式的建筑。"曲水流觞"作为一个风雅的文化活动也传播到了日本，古代日本贵族也在三月三日效仿这个活动仰慕唐风。

不知道在日本第一个想出"流水素面"创意的人是否对中国的文化习俗十分了解，或者曾经在流杯亭中驻足观察受到过启发。总之在某一个炎热得令人毫无食欲的夏天，一个聪明有趣的日本人灵光一现地想出了"流水素面"的游戏并且得到了大家的欢迎。生活总是充满了创意和趣味，游戏总能点亮人生丰富体验。希望"曲水流觞"也能像"流水素面"一样广为人知，在中国可以得到传承和光大，也希望每个夏天"流水素面"能在日本给人们带来更多的清凉和畅快。

流水素面和曲水流觞

流しそうめんと曲水の宴

吴　敏

　　2014 年夏、日本の LABO 国際交流センターが主催した鳥取県大山国立公園でのサマーキャンプに参加する機会を得た。現地に着くと数日の疲れと身体にこもった熱が清涼さをはらんだ見渡す限りの山の緑に癒され、のびやかで爽やかな気分になった。サマーキャンプ参加者のため各種活動が準備されていたが、その中でも流しそうめんは、年齢に関係なく楽しめる避暑のアクティビティであると聞き、興味がそそられた。

　　キャンプ主催本部から遠くない屋外のスペースに、スタッフがまず 2 m ほどの高さのある日除けをしつらえ、高さを違えたいくつかの簡単な柱を立てた上、縦割りにした竹筒をつなげて曲がりくねった長い一本の水路を作った。この水路に水を高いほうから流したうえで、煮あがったそうめんを投入する。参加者は竹でできた水路沿いの思い思いの場所で、流れてくるそうめんに箸を伸ばす。最初から最後まで歓声と笑い声が絶えず、清冽な水に冷やされたそうめんを食べて、夏の高温多湿の天気を忘れ、みな大いに活力を得た。

　　この暑さを忘れるイベントは大人気で、子どもたちは特にごきげんでそうめんを取ることに夢中だ。私は動作が遅く、遠慮したりしているとちっともそうめんをつかむことが

できずにいた。最後に流れてきた梅の味をつけた赤いそうめんは、すばしこい男の子がゲットし、アクティビティは終了となった。そうめんをうまくつかめなかったのは個人的にはやや残念だったが、楽しめる面白い催しとして深い印象に残った。聞けばもともと流しそうめんは昭和三十年（1955）に九州の高千穂町で屋外作業員のアイディアから始まったものだという。その後日本中に広まり、夏の風物詩となった。

　竹でできた人工の水路を見ていると、どうしても中国古代の文人たちが旧暦三月三日（上巳の日）に催した「曲水の宴」が思い出される。これも流しそうめん同様、水の流れを利用するが、違うのは、そうめんでなく酒杯を水に浮かせる点で、昔から伝わる習俗である。最も早くには、西周の初年にまで遡ることができ、『詩経』に「小さな杯が流れの波に漂う」という意味の句があるのがその証左だ。中国で曲水の宴には2つの意味があり、一つは娯楽、もう一つは福を招き災いを除く目的だ。人々は三月上巳の暦日に川の両側に腰を下ろし、上流から流れてくる酒杯が自分の前に停まればその杯を取って酒を飲み、厄除けを祈願した。

　王羲之が『蘭亭集序』でこの「曲水の宴」の詳細について記しているが、晋の時代すでに「曲水の宴」は詩と酒をやり取りしあう風流な遊びとして文人たちの愛好の的となっていた。蘭亭は曲水の宴を催す「流杯亭」の一つに過ぎず、今に残る古跡や復古建築にも多くの趣のある流杯亭がある。現代の北京にも5か所の流杯亭が残っており、なかでも最も古いのは、中南海に残る明代に作られた流杯亭「流水音」だ。

　流しそうめんの発明者が中国の曲水の宴を知っていたかどうかはわからないが、食欲が無くなる夏の暑さのなか、聡明で面白がりの日本人が流しそうめんという遊びを考え出した。私たちの毎日の生活は本来創意と面白みに満ちており、

流しそうめんと曲水の宴

遊びによって私たちの人生の多彩な体験が照らし出される。
曲水の宴も日本での流しそうめん同様、中国で多くの人々に
知られ、広く伝承されることを願うとともに、流しそうめん
がこれからも多くの日本人に涼しさとくつろぎをもたらすこ
とを祈る。

和风茶馆里的中国味道

严东淑

炎热的夏日漫步在大树庇荫的奈良春日大社参道上，一家惬意的木制茶舍和古色古香的幡旗招牌引起了我的注意。坐在参天古树下洒满细碎阳光的幽静庭院里喝着茶望着栅栏外悠闲自如的鹿群，整个人都静下来了，滤去了浮躁，沉淀下来的是深深的思考。过了一会儿服务员端来了"万叶套餐"。淡雅精致的粥、茶、小菜让我迟迟不舍动筷。吃上一口飘着淡淡茶香的万叶粥，配上腌渍梅，酸爽可口，回味无穷，旅途的劳顿瞬间都褪去了。

据店员介绍，茶舍始于江户时代的一家老店，店里的主打名品"万叶粥"是配以日本《万叶集》中提及的当月蔬果熬煮而成，是一道充满季节味道的时令粥品。一月七草，二月大豆，三月油菜花，四月樱、黑米，五月笋，六月赤米、小豆，七八月薄茶冷粥，九月小芋，十月栗子、番薯，十一月菇类，十二月山芋。

粥是绳纹时代从中国传到日本的，但在日本人的日常饮食结构中却不多见，一般都是为肠胃不好或体质虚弱的病人或小孩准备的。还有一些作为特殊节日的代表食物流传至今。比如说，农历正月的七草粥。相传女娲初创世，造出鸡、狗、猪、羊、牛、马等动物后，在第七天造出了人，这一天便被古人看作是人类的生日，称为"人日"。唐朝时，人们是在正月初七

"人日"那一天喝七草粥，以祈求无病无灾。而这个习俗自古传入日本并传承至今。中国幅员辽阔，此俗有所变迁，但在南方多地仍有遵循，以潮汕地区保存较为完好。

奈良，是一个洋溢着唐朝古韵的地方，从眼前的万叶粥追溯到始于唐朝的七草粥，不禁有一种穿越时空的感动。

大和奈良の茶屋で思うこと

严东淑

　　夏の炎天下に奈良の春日大社参道の木陰を歩いていると古びたのぼりを立てた木造の茶屋が我たち一行の目に留まった。古木が日光を、幽境の雰囲気の庭で柵を隔てて悠然と遊ぶ鹿たちを眺めながらお茶をいただいた。私たちは喧噪を忘れ、静かな内省の気分に包まれた。しばらくして、店員が運んできた万葉定食にはお茶と丁寧に炊きあげられたお粥に、おかずが少々、そえられている。かすかな茶の香りを残す万葉粥に添えられた梅干しは、爽やかな酸味があり、旅の疲れを一瞬忘れさせた。

　　店員によれば、この店は江戸時代に始まった老舗で、名物の万葉粥は、『万葉集』に見られる四季折々の野菜を使っている。一月は七草、二月は大豆、三月は菜の花、四月は桜と黒米、五月はたけのこ、六月は赤米、小豆、七、八月の夏の期間は冷製の茶粥、九月は里芋、十月は栗やさつまいも、十一月はきのこ、十二月は山芋。

　　粥は縄文時代に中国から日本に伝わった。しかし日本人はそれほど頻繁に粥を食べない。粥は胃腸の調子が悪いときや病気のとき、もしくは子どものために準備されるもの、もしくは、旧暦一月の七草粥のように、特別な行事に伴うものとされている。七草粥と言えば、中国の古代神話上の人類誕

生の日「人日」との関連がある。神話では、女神「女媧」が
鶏、犬、豚、羊、牛、馬を順番に作り、7日めに人をつくっ
た。唐時代の中国では、正月の7日目を「人日」として七草
粥を食べ無病息災を祈願した。

　唐時代の面影を濃く残す奈良で、万葉粥を前に唐時代の
七草粥について想像するのは、時空を超える気分を禁じ得
ない。

日本味道，中华料理

徐　睿

　　随着中国人走向世界各地，中国美食也遍地开花，征服了众多食客的味蕾。在日本，走在大街小巷，中餐也随处可见，成为了日本饮食文化中一个组成部分。严格说来，日本的中餐分为"中华料理"和"中国料理"。中华料理是融入了日本口味的改良式中国菜，如日式拉面、干烧虾仁等，都是深受日本民众所喜爱的家常菜。中华料理店一般都由日本人或者来日多年的老华侨经营，店面简朴、价格实惠，日本街头随处可见。而中国料理店则多是由中国人经营的高级餐厅，不迎合日本人的口味，主要为烤鸭、鲍鱼等传统的中国菜品，装修也较为富丽堂皇。对于普通日本人而言，他们更熟悉的是中华料理。

　　中餐是什么时候传入日本的呢？在日本普遍认为最早是在江户时代，经由中国沿海地区传到了离中国较近的长崎。最早进入长崎的中国美食是以点心为主的"卓子料理"。随着越来越多的华侨移居长崎，中餐也逐渐普及，为了迎合日本人的口味，不断创新发展出新的味道和菜品。随后，中餐开始慢慢走出长崎，传播到京都、大阪等大城市。到大正、昭和年间，中华料理已经成为一种大众化的菜肴在日本传播开来。

　　日本具有代表性的日式拉面，其实也是从中国传入的。日本最早关于面条的记载中说，明朝遗臣朱舜水流亡到日本后，

用面条来款待日本江户时代水户藩的领主德川光圀。明治时代，日本人在中国面的基础上，为迎合一般百姓的口味，开始了本土化的改造创新，逐渐形成现今的一种日本大众面食。中国游客到日本也大多要尝尝源于中国却在日本有了变化的面条。而且，现在在中国也有很多日式拉面馆，虽然价格并不便宜，但也大多生意兴隆。

另外一个具有代表性的食物是饺子。据说在江户时代，只有少数人能够吃到饺子，对于普罗大众而言，饺子是可望不可即的食物。第二次世界大战结束后，战败回国的日本士兵失去了原有的工作，为了谋生，就用上了在中国学到的饺子手艺，经营起了中华料理店。从此，饺子也成为了日本饮食文化的重要一员。中国人吃饺子，尽管各地种类纷繁，但水饺更具代表性。日本人吃饺子则多为煎饺。此外，在中国，饺子大多是作为主食来食用的，而在日本，饺子则更多是作为一道菜品，搭配主食来食用的。因此第一次走进中华料理店品尝饺子的中国人，就能看到煎饺配米饭作为套餐端上来，是不是也挺有意思？

作为日本风味的中华料理不断发展创新，有的连中国人都没吃过。比如说天津的朋友吃到日本的"天津饭"就会说"我们在天津也没有吃过啊"。所谓"天津饭"是将鸡蛋和水、虾仁、蟹肉、葱花、香菇等配料搅拌在一起，煎出一张松软的芙蓉蛋，然后盖在米饭上，日语叫"天津丼"，我们可以把这道主食解释为"蟹肉鸡蛋盖浇饭"。日本人发明"天津饭"这道中华料理，据说主要是迎合了日本人喜欢吃鸡蛋的口味。当这道菜出现在动漫作品《七龙珠》中之后，便随之传播到了世界更多的地方。

在街边小小的一间中华料理店里，一碟普通的大众菜肴，吃到食客口中，不仅有日本风味，还有中国味道。这就是舌尖上的中日交流吧。

双语趣谈中日文化　二ヶ国語の面白い中日文化

日本式中華料理

徐　睿

　　中国人が世界各地に出かけるようになり、中国の美食も世界じゅうで人々の舌を征服している。日本では大通りから小さな路地の至るところに中国料理店があり、日本の飲食文化の一部になっている。厳格に言えば中国の料理は日本で「中華料理」と「中国料理」に大別される。中華料理は中国でのオリジナルから日本の味覚に合わせて改良された料理で、ラーメンやエビチリなどは大衆に深く受け入れられている。中華料理店は日本人もしくは華僑が経営する比較的小さな簡単な店で供され、値段も庶民的だ。一方中国料理店は、多くの場合、中国人が経営する高級レストランで、日本人の味覚に迎合しない北京ダックやアワビ等の中国伝統メニューを提供し、店内の雰囲気も堂々として豪華である。普通の日本人にとっては中華料理のほうがずっと身近な存在である。

　　中国の料理はいつ日本に伝わったのだろうか？日本でよく言われているのは、江戸時代に中国の沿海地区から日本の長崎に伝わったという説だ。最初に点心を中心とする卓袱料理が伝わり、中国人の長崎移住が進むにつれ、幾多の中国料理が海を越えて日本にやってきたと言う。その間日本人の味覚に合わせてさまざまな中華料理が開発され、そ

の後長崎から京都、大阪等の大都市へ伝わった。大正、昭和に至り、中華料理は大衆化したかたちで日本に定着した。

ラーメンももともとは中国由来のものだ。日本でラーメンの起源となりうる最も古い記録は、明の遺臣朱舜臣が故国を逃れ、日本にやってきた際に、中国風の麺で水戸藩の徳川光圀をもてなしたという江戸時代の記述だ。明治時代以降、中国からの麺を基に、庶民の味覚に合わせ改良が重ねられ、少しずつ現在のラーメンという一大ジャンルが確立した。いまでは中国人も訪問先の日本で、中国由来だが日本で進化を遂げたこの麺料理の味を楽しんでいる。中国国内にもたくさんの日本風ラーメン店があり、価格は安くはないが、繁盛している。

他に中華料理で代表的なのは餃子であろう。江戸時代には限られた身分の人しか餃子を食べられなかったという。一般大衆からすれば、餃子は望んでも口にすることができない食べ物だった。第二次大戦終戦後、職にありつけない大陸からの引揚げ兵が中国で身につけた餃子作りの技術を使い、餃子を提供する中華料理店を立ち上げたことから、餃子は日本の飲食文化に取り入れられるようになった。

中華料理は日本の味覚に合わせて絶えず研究され発展しているため、中国人が食べたこともないような料理に進化している場合もある。例えば天津人が日本の「天津飯」を口にして言うのは「こんな料理は天津で食べたことがない」。日本のいわゆる天津飯（もしくは天津丼、かに玉丼）は、たまごにエビ、カニ肉、ねぎ、しいたけ等を混ぜて作った玉子焼きをごはんの上にのせたもので、中国では「カニ肉玉子焼きのご飯のせ」との説明が必要だろう。たまご好きの日本人が創作したこの天津飯という中華料理は、アニメ『ドラゴンボール』により、世界中に広まった。

日本中どこにでもある、街の小さな中華料理店で供される
れるごく普通の庶民的な一皿は、日本の味を帯びながら、
中国の味も残している。これこそ舌の上の日中交流と言え
よう。

日本式中華料理

鲤鱼旗和鲤鱼跳龙门

黄　敏

在与中国一衣带水的日本，每年的公历 5 月 5 日人们都会庆祝一个节日——男孩节。而在这一天，凡是有男孩的家庭，家家都会挂起一种鲤鱼模样的旗子——鲤鱼旗。

据说，这个风俗是从日本江户时代开始的。与桃花节是女孩子的节日相对，5 月 5 日男孩节作为男孩子们的节日，也是热闹非凡。按传统习惯，这一天，有男孩的家庭不仅要在室内摆设英姿飒爽的武士人偶，而且在室外要挂鲤鱼旗和七色彩旗。鲤鱼旗在天空随风摆动，仿佛在大海里遨游一般。用它来祝愿男孩子像鲤鱼般健康茁壮地成长，希望他们奋发有为。

今天，节日所挂的鲤鱼旗是用布或绸做成的空心鲤鱼，分为黑、红和青蓝三种颜色。黑色代表父亲、红色代表母亲、青蓝色代表男孩，青蓝旗的个数则代表男孩人数。日本人认为鲤鱼是力量和勇气的象征，表达了父母希望孩子成为坚强勇敢的武士的愿望。在日本，根据"尊重儿童的人格，谋求儿童的幸福，同时感谢母亲"的原则，规定这一天为全国公休日。

在江户时代，鲤鱼旗只有黑色，但是从明治时代开始成对地挂黑鲤鱼和红鲤鱼，从昭和时代开始又增加了青色的小鲤鱼，这样经过逐渐的发展，就凑齐了黑、红、青三种颜色的鲤鱼旗。

挂鲤鱼旗的目的是祈祷家中男孩早日成才。据说这和中国

鲤鱼跳龙门的故事有关系。

　　"鲤鱼跳龙门"见于《太平广记》卷四六六："龙门山，在河东界。禹凿山断门一里余，黄河自中流下，两岸不通车马……每岁季春，有黄鲤鱼，自海及渚川，争来赴之，一岁中，登龙门者，不过七十二。初登龙门，即有云雨随之，天火自后烧其尾，乃化为龙矣。"大体意思是说鲤鱼要化为龙，首先要跃过高高的龙门，还要经过天火烧其尾的考验，否则就只能甘心做一条凡鱼了。这则神话传说的寓意是，要想功成名就必须努力奋斗，必须经过艰苦磨难。因此，古时鲤鱼跳龙门常作为对平民通过科举得以高升的比喻，也是一个吉祥祝辞。

　　江户时代，中国"鲤鱼跳龙门"的故事传入日本，日本人认为鲤鱼是好运的象征，为了祈祷上天能让自己的孩子成才，所以立起鲤鱼旗以引起上天的注意。日本的相模原市位于神奈川县北部，是一个绿树成荫的美丽都市，自 1988 年开始，每年的 4 月 29 日至 5 月 5 日间，大约会有一千二百条的鲤鱼旗成群地飘扬在相模原市高田桥上端。一边仰头看着"鱼儿"在风中游动，一边在铺满新绿的河边散步，心中想着中国的"鲤鱼跳龙门"在日本也是如此深得人心，人类所共有的美好追求都是相通的。

鯉のぼりと鯉の龍門越え

黄　敏

　　中国と一衣帯水の位置にある日本では、毎年５月５日は子どもの日を祝う習わしだ。この日、男の子のいる家では、鯉に見立てたのぼり「鯉のぼり」を立てる。

　　この習慣は江戸時代から始まったそうだ。女の子の節句「ひな祭り」と対のこの「男子の日」には、伝統的には家のなかでは勇ましい五月人形を飾り、家の外には鯉のぼりと七色の吹き流しを立てる。鯉のぼりが風をはらんで空を泳ぐ様子は、まるで大海を悠然と進んでいるようにも見える。鯉のぼりには男子が健康に成長し、有為の人となるようにとの意味がある。

　　鯉のぼりは布製で筒状の構造をしており、黒、赤、青の３色を１匹ずつが基本だ。黒い鯉は父親、赤は母親、青は男子を象徴し、青い鯉の数はその家の男子の数だ。日本で、鯉は力と勇気の象徴であり、鯉のぼりには、強く勇敢な男子であって欲しいとの願いが込められている。日本の祝日法によれば「こどもの人格を重んじ、子どもの幸福をはかるとともに、母に感謝すること」がこどもの日を祝日とする趣旨である。

　　江戸時代には、鯉のぼりは黒しかなかったが、明治以降、黒と赤の鯉を掲げるようになり、昭和になってからは青

の子鯉が加わった。

　鯉のぼりは、男子の成長と世の中に役立つ人材となることを祈って立てられるが、これは中国の「鯉の龍門超え」伝説と関係がある。

　鯉の龍門越えは中国宋時代の『太平広記』466巻にある。鯉が龍になるには、まず黄河の上流にある龍門という急流を遡らなければならず、その後、尾を天日に焼かれる試練を経てはじめて龍となることができる、さもなくば平凡な鯉で終わるしかないという。この伝説の意味は、成功のためには奮闘努力し艱難辛苦を克服しなければならないということだ。これが転じて「鯉の龍門超え」は、科挙を突破し立身出世することを意味する縁起の良い言葉として使われるようになった。

　江戸時代、中国の「鯉の龍門越え」が日本に伝わり、日本人は鯉を幸運の象徴と考え、子どもが世に出ることを願い、天に向かって鯉のぼりを立てる習慣が始まった。神奈川県北部に位置する相模原市は緑あふれる美しい場所だが、1988年から毎年4月29日から5月5日の期間、1,200匹もの鯉のぼりが相模川高田橋付近にいっせいにかかる。新緑あふれる河沿いを散歩しながら、空を仰ぎ見て、鯉が風になびくさまを目にするにつれ、中国の鯉の龍門越え伝説がこのように深く日本人の心に浸透したのは、人がより良い未来を求める願望は国境を越えて共通しているからだと思わざるを得ない。

鯉のぼりと鯉の龍門越え

遥看牛郎织女星

黄　敏

农历七月初七，晴朗的夏秋之夜，繁星点点，横贯南北的银河两侧，牵牛星和织女星隔河相望。这就是人们俗称的"七夕节"。传说在七夕的夜晚，抬头可以看到牛郎织女在银河相会，或在瓜果架下可偷听到两人在天上相会时的脉脉情话。中国的七夕通过牛郎织女的故事来强调两性的爱情忠贞。也有人称七夕节为"乞巧节"或"女儿节"。

七夕节是中国传统节日中最具浪漫色彩的一个节日。"七月初七"与古人对数字和时间的崇拜有关。古代民间把正月正、二月二、三月三、五月五、六月六、七月七、九月九这"七重"列为吉庆日。"重日"在中国古代被认为是"天地交感""天人相通"的日子。"七"在民间表现为时间的阶段性，在计算时间时往往以"七七"为终结。以"七曜"计算现在的"星期"，在日语中尚有保留。

七夕节源于汉代，东晋葛洪《西京杂记》中记载："汉彩女常以七月七日穿七孔针于开襟楼，俱以习之。"据说这是我们目前所知有关七夕的最早文献资料。传统七夕是女性节日，它主要强调"乞巧"，女子希望自己能够心灵手巧。古代妇女七夕乞巧也经常在唐诗宋词中被提到，唐朝和凝有诗云："阑珊星斗缀珠光，七夕宫嫔乞巧忙。"

诞生于中国的七夕节在奈良时代传入日本，与日本本土的

祖灵信仰融合，包含了更多与日本佛教有密切关联的"秽祓"（去除污秽）思想，颇具日本特色。《万叶集》是最早的一部日本和歌集，其中绝大部分作品是奈良时代所作。在《万叶集》中，与七夕牵牛相关的和歌有130多首。日本《古事记》中称，古时有一位名为棚机的少女，她为了替村庄消灾解难，在水边织衣祭神。日语七夕的念法就从"棚机"而来。在七夕这一天，宫中少女要学棚机般织衣。

到了江户时代，七夕成为民间习俗，除祭星乞巧、少女织衣外，还出现"笹饰"及"短册"许愿的做法。人们将心愿写在五色纸上，挂在竹枝枝头，第二天将竹枝和灯笼一起顺水漂流，象征心愿直达天河。

在日本七夕日原与中国一样，是旧历的七月七日，后来在明治六年（1873）改历以后，只有很少地区沿用旧历，大部分地区把七夕节变为公历的 7 月 7 日。日本七夕节吸收了中国七夕节的浪漫元素，又融入了日本本民族传统文化的精华，如今已成为日本夏季传统的节日之一。

现代，七夕在日本已成为一个许愿日。商店卖夏季服饰的地方、超市结算的地方会放置竹子，方便人们许愿。此外，在长野县松本、新潟、山梨等地区，一到七夕，各家各户会制作人偶挂在门前，希望"能缝制出越来越漂亮的和服""能够将孩子顺利抚养成人"。还要在院子里摆上玉米、梨等供品，以此请求织女星保佑自家女孩的书法、裁衣等手艺有所进步。每年七夕之前，学校里也会组织孩子们动手制作彩纸条，写好愿望后折成鸟雀形状穿在竹枝枝头。大家的愿望从"希望得到一个哆啦 A 梦""妈妈给我买所有我想要的东西"，到"今年夏天不被蚊子咬"，充满想象力，非常有趣。

遥看牛郎织女星

夜空にのぞむ織姫と彦星

黄　敏

　　旧暦七月七日の晴れた夜空には、星々が輝き、南北に走る銀河の両側に彦星と織姫が向き合っている。いわゆる七夕とは、この夜に彦星と織姫が天の川で相まみえるという伝説だが、この日瓜だなの下では二人の言葉にならない睦言を盗み聞きできるともいわれている。中国の七夕は彦星と織姫の物語を借りて愛情と貞節が強調されている。七夕はまた、乞巧節とも女児節とも呼ばれている。

　　七夕は中国の伝統的な節句のうち、最もロマンチックな日だ。旧暦で言う七月七日は、古代人の数字と時間に対する崇拝とも関係がある。古代、民間では、同じ数字の並ぶ日付、すなわち 1/1、2/2、3/3、5/5、6/6、7/7、9/9 を「七重」として縁起の良い日とされた。これらの日付は、天地が交わり、天と人が相通じることができる日であると考えられていたのだ。また「七」は時間の最終段階をあらわすものでもあり、時間を測る際には「七七」が最後であった。いわゆる「七曜」の数え方は現在の「週」にあたるものであり、「曜」は日本語のなかに残っている。

　　七夕節の起源は漢の時代に遡ることができる。東晋の葛洪は『西京雑記』のなかで、「漢の官女たちは毎年七月七日に宮中で裁縫の技術を競い。人々はこれに倣った」と書いて

いるのが私たちが七夕について知ることのできる最も早い文献だ。伝統的な七夕は女性の節句であり、女性が自らの機織りや刺繍の技芸の向上を願う日（乞巧節）である。古代女性の乞巧の風習については、その後の唐、宋の文学でもよく引用され、唐の和凝は「夜空の星がきらきらと輝き、天の官女たちは乞巧に忙しい。」と詩に歌った。

　中国で生まれた七夕は奈良時代に日本に伝わり、日本古来の土着信仰、さらには日本仏教のなかのみそぎ思想と結びつき、日本ならでは特徴を帯びるようになった。『万葉集』は日本の最初の和歌集で、大部分は奈良時代に作られたものである。『万葉集』に七夕に関する歌は130首余りある。また『古事記』には、昔、棚機つ女（たなばたつめ）という名前の少女が村落の災いを除くため、河端で神のための衣を織ったという話がある。日本語の七夕の読み方はこの「棚機つ女」から来ているという。日本でも七夕には宮中の女たちは棚機つ女に倣って衣織り技術の向上に励んだ。

　江戸時代に七夕は民間に広がったが、乞巧の日として少女が機を織る以外に笹飾りや短冊で願い事をする習慣が生まれた。人々は願い事を色のついた紙にしたため、竹の枝に結ぶ。翌日、願い事が天にまで届くよう竹と灯篭を一緒に川に流す。

　七夕は日本でも中国同様にもともとは旧暦七月七日だった。その後明治六年（1873）西暦が採用されたあとは、一部を除き大部分の地方が西暦7月7日を七夕と定めるようになった。日本の七夕は中国の七夕のロマンチックな部分を残しながらも日本の伝統文化を取り込んで、日本の夏の代表的な風物詩となっている。

　日本で七夕は「願い事をする日」となったのだ。いまでは、七夕の季節には、商店のディスプレイやスーパーのレジ

夜空にのぞむ織姫と彦星

横にはよく竹が置かれ、客が自由に願い事を掛けることができる。長野県松本市や新潟、山梨等の地区では七夕になると人の形のつくりものを家の入口にかけて、「もっときれいな着物を縫えるようになるように」とか「子どもが無事に育つように」等の願い事をする習慣がある。家のなかでは、とうもろこしや梨を備えて、女児の書道や裁縫の技芸向上を織姫星にお願いする。学校でも七夕の前には子供たちに短冊を作らせ、願い事を書いたあとに竹の枝に括り付けさせる。子どもの願い事は「ドラえもんが来ますように」から「欲しいものをママが買ってくれますように」から「今年は蚊にさされませんように」までさまざま想像力に富んでおり、面白い。

二十四节气里的中日异同

徐 睿

冬至这天，中国北方有吃饺子，南方有吃汤圆的习俗。许多中国人去日本会发现，日本也过冬至，冬至这天能够感受到浓厚的节日氛围。冬至早上，很多家庭会喝小豆煮的热粥，以达到暖身祛病的功效，还会吃"南瓜煮"。从江户时期开始，日本还流行在冬至这天泡柚子澡。不仅是冬至，从中国传入的二十四节气现在在日本依然通用，无论是芒种、霜降，还是春分、雨水，二十四节气的四十八个字和日语中是完全相同的。

在农耕文明长久的发展过程中，中国总结出二十四节气用于指导农事。随后二十四节气和中华历法传播到东亚各国。根据《日本书纪》的记载，公元 522 年二十四节气传入日本，公元 690 年开始在全国推行中华历法和二十四节气，一千多年以来，二十四节气全方位渗透到日本的社会生活及农事中，成为日本文化重要的组成部分。与中国四季分明的大陆性气候不同，日本是海洋性气候，为与之相适应，日本又在二十四节气之外增加了一些独特的节气。比如彼岸、八十八夜、土用、入梅等，这些被统称为"杂节"。

彼岸，以春分或者秋分那天起算，前面后面各三天加起来一共一周的时间。这两天会吃一种饼，将用糯米和粳米作成的米饭捣碎，团成团子以后在外面裹上红豆做的泥（类似豆沙）或者外面蘸一层黄豆面。因为春天是牡丹盛开的季节，所以就

叫牡丹饼，秋天是萩花开放的季节，所以就叫萩饼。2016 年，二十四节气被列入了联合国教科文组织非物质文化遗产名录，中国也开始加大对这一传统文化的宣传和保护。而日本政府、社会和教育部门一直都十分重视节气及其风俗的传承和教育，商家也会赞助节气和传统节日的活动，传统节气庆典很好地融入了现代的生活。

双语趣谈中日文化　二ヶ国語の面白い中日文化

二十四節季にみる日中の違い

徐　睿

　　冬至の日、中国北方では餃子、南方では湯圓（なかに餡をつめた団子）を食べる習慣があるが、日本で生活する中国人は、この国でも冬至は特別な日であることに気づかされる。日本でも冬至には、身体を温め病気を防ぐ意味から小豆粥を炊き、南瓜を煮て、風呂に柚子を入れる習慣がある。冬至に限らず、中国から伝わった二十四節季の考え方は日本で現在でも生きており、芒種や霜降、春分、雨水等の二十四節季の名称は、中国と完全に同じである。

　　中国農耕文化の発展の過程で、一年を 24 の節季に分け農作業を進める目安として編み出された二十四節季の考え方と暦は、その後東アジアに伝播した。『日本書紀』によれば、西暦 522 年に二十四節季は日本に伝わり、690 年から中国の暦と二十四節季が公式に用いられるようになり、その後千年余りのあいだ、二十四節季は社会生活と農作業を通して日本に深く浸透し、日本文化を構成する基礎部分となった。中国の四季の区別がはっきりとした大陸性気候と異なり、日本は海洋性気候であるため、日本ではもともとの二十四節季に、彼岸、八十八夜、土曜、入梅などの「雑節」と呼ばれる独自の節季を付け加えた。

　　彼岸とは春分もしくは秋分の日から前後 3 日、合わせて

一週間の期間を指す。彼岸には、もち米とうるち米をつぶして作った生地であずきペーストをつつみ、外側に餡もしくはきな粉をまぶして作ったおはぎを食べる習慣がある。おはぎの名は秋分の頃に咲く萩の花から来ている。春の彼岸は牡丹の季節なので、ぼた餅とも呼ばれる。2016年、二十四節季はユネスコの世界無形文化遺産に登録された。中国でも二十四節季に対する理解を深め継承する動きが加速しているが、日本政府も二十四節季とそれにまつわる伝統的な習慣の保存と継承を重視しており、商業界も節季にちなんだイベントづくりに積極的であることから、伝統的な行事が現代の生活に浸透している。

双语趣谈中日文化　二ヶ国語の面白い中日文化

千年丹青，翰墨渡情

李 玮

　　书道是日本书法的综合艺术，追求的是意境、情操和艺术美。日本书道是一种以毛笔书写为主的用以修身养性、表现美的特殊艺术形式，有汉字派、假名派、少字数派等，追求的意境是一致的，同是看重在书写的过程中达到修身、养生、天人合一、道法自然的境界。古代日本人把书道也称为入木道，据说就是来源于中国古代书圣王羲之练字入木三分的典故。

　　日本书道起源于中国。日本的大和时代，中国的汉字、佛教等技术、文化经过朝鲜流传至日本，汉字在日本得以普及。隋朝期间，日本与中国建交，并向中国派出留学生和留学僧。他们作为中日文化交流的纽带，也将中国书法带回日本。中国书法首先在日本上层阶级得到传播。随后的平安时代，片假名正式确立，日本书道迎来全盛时期。书道被视为皇室、贵族、僧侣等不可或缺的修身之道。在平安时代初期，受唐风盛行影响，出现了日本书道史上著名的"三笔"——空海和尚、嵯峨天皇和橘逸势。平安时代中期，日本终止了遣唐僧，日本国内在追随和吸收中国文化的同时由小野道风提出了"和化"，其与藤原佐理和藤原行成被后人尊称为"三迹"。他们不仅精通汉字书法，同时创造了假名书法及汉字假名混同的书法形式，使当时的书法更加日本化，真正建立起"和样书

道"，对后世影响极大。随后我国宋元时期，很多高僧东渡日本传法，致使日本禅宗书法盛行，"唐样"书法受到宋书风影响又被学习和推崇。直至江户时期，日本才正式确立"书道"一词。明治时期的1880至1884年，中国学者杨守敬东渡来到日本。他将中国的六朝书风传入日本，如同一股春风吹进日本书道界，他被称为"日本近代书法之父"。以这次文化交流为转机，汉字书法在日本再次流行，并兴起了临摹学习六朝北魏拓本的热潮。同时这也让日本国内书法界开始反省，不再墨守成规、一味追求中国书法，开始尝试多元化书写风格，寻求创新与升华，最终确立了一种超脱于美学和技艺的艺术，一种通过象形文字的形象表达去追求精神的升华和释放的修身艺术。

战后，中日两国书法家之间的交流更是连绵不断。日本国内书法爱好者约有3000万，占总人口的1/4。可见，书法深受日本人的推崇与喜爱。

"法"即方法，"法"是基础，"艺"是源于基础的升华，而"道"即参悟及境界，是通过艺术升华到达的精神层面。日本将书写的艺术定义为"书道"，即表明最终追求是"道"。日本由于地理和历史因素，自古崇尚自然，在很多技艺之道中皆有体现。书道是其书写艺术的最高体现，自然也是追求"天人合一"的境界。日本书法家在遵循传统的基础上，更注重的是"以人为本"。所谓的"以人为本"是落笔之前要有自己的艺术构思，充分表达自己的思想，具有极强的创作意识，通过书法创作来愉悦身心，释放灵魂和感念自然，这样所出的作品便是独一无二、无可复制的了。否则将会落入形而下的"技"，与写字匠无异。

依托于中国文化的日本书道在日本国内受到推崇与重视，日本将这种舶来文化当作自己的传统文化，加以传承与发扬。并不仅仅把书法视为单纯的美学艺术，而是追求精神层面的更

高意境，是举国上下修身养性的艺术。日本书法名家丰道春海以"左琴右书谁识个中趣味，南邻北里哪知物外佳游"来比喻中日书法的同根同源。

千年丹青，翰墨渡情

千年の書　筆と墨が伝えるこころ

李　玮

　　書道は日本の総合芸術の一つで、境地、情操の向上と美を追求する。毛筆を用いて身を修め品性を養い美を表現する作品は、漢字を主体とするもの、かな文字を主体とするもの、文字数を限るもの等さまざまだが、追い求める境地は同じである。書をあらわす過程において、道教で言う自然、すなわち身を修め、養生し、天人合一に至ることも重視されている。古代日本人は書道を入木道とも呼んだが、これは、中国の書聖王羲之の「入木三分」の伝説に由来する。

　　日本の書道は中国が起源だ。大和時代に中国の漢字や仏教等が朝鮮を経て日本に渡り、漢字は日本で普及した。隋の時代に日本と中国の国交が成立し、日本は留学生や留学僧を隋に派遣した。彼らが持ち帰った中国の書道は、まず日本の上流階級に流行した。その後平安時代になって片仮名が確立し、日本の書道は全盛期を迎えた。書道は公室、貴族、僧侶らにとって欠かせない修身道の一つであった。平安時代の初期、唐風がもてはやされた影響で日本に三大書家「三筆」が出現した。空海、嵯峨天皇、橘逸勢がその三人とされる。平安中期、日本は遣唐僧を廃止したが、国内では、中国文化追随継続の一方で、小野道風により中国の書風から離れて日本化された和様と呼ばれる様式が生み出された。道風は、藤原

佐理、藤原行成とともに「三跡」と称されたが、彼らは漢字書道に長けていたばかりでなく、かな書道さらには、漢字とかなの混ざった調和体の手法を創り出し、日本化された「和様書道」が後世に大きな影響を与えた。その後、宋、元の時代には、中国の多くの高僧が仏法を伝えるため日本に渡り、禅宗寺院で宋風の書が大流行したため、中国書道は再び崇敬と学習の的となった。江戸時代になって初めて、この芸術の呼び名として書道という言葉が確立した。明治期の一時期（1880−1884）日本に滞在した楊守敬は中国六朝時代の書風の紹介で日本の書道界に一陣の春風をもたらし「日本近代書道の父」と称された。日本では漢字書道が再び見直され、六朝北魏時代の拓本の臨書が流行した。これをきっかけに日本の書道界は、保守的に和様をかたくなに守るばかりもしくは、中国からの書を盲目的に追いかけるばかりではなく、さまざまな表現方法を認め、創造と昇華を追求することを模索するようになった。その結果、書道はただ美しく技術的にすぐれたものを良しとする段階を超えて、象形文字の形状の表現を通し、精神を表現、解放し、人格を創造しうる芸術となった。

戦後、日中の書家のあいだの交流は絶え間なく続いている。日本国内の書道愛好者は約 3000 万人といわれているが、これは、総人口の四分の一に当たり、書道が日本人の間に広く好まれていることがわかる。

中国では書道は「書法」と呼ばれるが、「法」とはすなわち方法であり、基礎となる法を基に昇華した芸術が生まれる。一方、日本の書道という言葉に使われる「道」は悟りと境地のことであり、書をあらわすことを通して到達する精神的な側面を表す。日本の書写芸術が「書道」と定義されているのは、最終的な目標は方法ではなく、道に到達することだ

千年の書　筆と墨が伝えるこころ

からだ。地理的歴史的要素から日本には古来自然崇拝の伝統があるが、書道を含め、多くの技芸の現場でもそれが表れている。書道は書写の最高レベルの実現として、天人合一の境界が求められる。日本の書道家は伝統的な基礎技術を尊重したうえで、更に自らの個性を表すことを重視する。個性とは、筆を下ろす前の作品構想、自らの思いを十分に表現すること、創作への思い、また書くことを楽しみ、魂と霊感を自然と交流させることなどであり、これらが作品を唯一無二のものにする。それができなければただの「技」にすぎず、文字を巧みに書くのと変わらない。

　　日本は中国から取り入れた書道という舶来文化を日本独自の伝統文化とし、伝承と発揚を加えている。書道を単なる美学的芸術の域にとどまらせず、精神的境地を追求し、品性を養うための芸術としている。日本の著名な書道家豊道春海が言った「左に琴を抱え、右に書を持つ人の楽しみは外からみてもわからない。普通に生活するばかりでは、精神にもっと楽しい体験があることを知り得ない」との言葉は、日中の書道が同じ根を持つことの比喩でもある。

日本现存最古老的孔庙

衣美华

历史上日本孔庙曾遍及除北海道以外的日本列岛，保存至今并且每年都举行祭祀仪式的孔庙，以栃木县足利市的"足利学校圣庙"最具有代表性。2013 年 7 月，应佐野日本大学高·中等学校邀请，我校师生一行七人赴日参加了民宿交流活动。期间，有幸参观了日本现存最古老的孔庙——足利孔庙。

足利学校建于室町时代（1336—1573），其时幕府设在京都的室町。当时这里不仅是关东地区的文化教育中心，也是整个日本的文化中心。足利学校作为日本儒学传播和研究的重镇之一，也是日本尊孔敬孔历史时期的一个见证。自"为兴儒学而建立"以来，足利学校的儒学教育、孔子祭祀、孔庙修建管理以及孔庙文化等，都具有鲜明的地方特色。试想，一个国家愿意给其他国家的思想家立庙，并且将其作为本国国学思想的基础，足见孔子对日本影响之深远。

走进"入德门"，远远地就能听到朗朗的读书声。"有朋自远方来，不亦乐乎"，大成殿内供奉着的日本最早的木造孔子坐像仿佛正在欢迎我们的到来。原来他们正在组织定期的《论语》诵读活动。一千八百多年来，《论语》的故乡虽然没有向外推广过《论语》，但从朝鲜半岛传入日本之后，中华文化最早对日本文化产生影响的就是《论语》。可以说《论语》是日本思想、文化的基因。据说日本的每家书店都会有《论语》，

日本的中小学生至今仍要学习《论语》《诗经》《唐诗选》等中国古代思想和文化。每到春季入学考试前，大量学生或家长还会到附近孔庙祭拜，祈求考入理想的学校。

　　我们又参观了藏书的地方，足利孔庙共有儒学典籍一万六千多册，堪称是日本儒学汉籍的宝库。据管理人员介绍，这里每年都会举行各种以纪念孔子为主题的祭祀、考试、讲座、比赛等丰富多彩的文化活动。另外，还有一项传统而非公开的"曝书"活动。"曝书"的意思是"晾晒古书以除去里面的蠹虫"。中国古代早在汉代，就有"晒衣曝书"的风俗。原是农历七月七日的节俗之一，但在自然原因和节俗平衡性的影响下，明代以后改在了农历六月初六。因为足利孔庙藏书丰富，为了防虫、防蛀、防霉、防潮，每年都会定期举行"曝书"活动，这也是足利学校儒学教育的一项重要环节。10 月到 11 月中旬，空气湿度在 55% 左右。当出现天气比较稳定的连续几个晴天，就会在从早上九点到下午三点的时间段里，举行这项旨在保护典籍的传统活动。工作人员会逐一打开珍贵的古籍，一页一页地去翻检，使其自然风干。同时还要修理破损的函盒、函钮，检查修缮被虫蛀了的书页。

　　足利孔庙是日本尊孔崇儒的象征，是儒家文化传播的载体，更是中日文化交流的见证。我想孔子是中国的，也是日本的，随着孔子学院的推广，更是世界的。

足利孔子庙

衣美华

　　孔子廟は日本では北海道を除く全国各地にあるが、今日
まで良好に保存され毎年の祭祀が行われている孔子廟と言え
ば栃木県足利市の足利学校が第一に挙げることが出来よう。
2013 年 7 月、佐野日大高校・中学校の招きで本校の教師生徒
7 人一行は、日本でのホームステイ交流の機会があり、その
とき日本に残る最も古い学校である足利学校を訪問する幸運
を得た。

　　足利学校は室町時代に作られた。室町とは当時京都の室
町に幕府があったことに由来する。当時、足利学校は関東地
区の文化教育の中心であっただけでなく、日本の文化の中心
でもあった。日本における儒学の受け入れと研究の拠点であ
り、また日本が孔子を尊崇していた時代の証言者でもある。
儒学振興のため設立されたという足利学校の儒学教育、孔子
祭祀方法、孔子廟建設管理や廟文化には、他にはない足利な
らではの特色がある。思うに、他国の思想家のために廟を立
てたうえ、その思想を国家思想の基礎とするとは、孔子の日
本に対する影響は極めて大きいと言わざるを得ない。

　　入徳門を入ると、遠くから朗々と本を読む声が聞こえて
くる。「朋有り、遠方より来る。また楽ししからずや」。大成
殿に祀られる日本で最も古い木製の孔子座像は、まさに私た

足利孔子庙

ちの到来を歓迎してくれているかのようだった。私たちは定期的に開かれる『論語』の暗唱イベントのためにやってきた。1800年のあいだ、『論語』の故郷はその輸出を意図したことはなかったが、歴史上最も早い時期に日本に影響を及ぼした中国文化は、朝鮮半島を通って伝わった『論語』だった。『論語』は日本の思想、文化の遺伝子の一つとも言える。日本の書店ではいまも『論語』の本があり、日本の小中学生は『論語』『詩経』『唐詩選』等の中国の古典を学ぶ。毎年春の入学試験の前には、多くの学生や親たちが各地の孔子廟に参拝し、入試合格を祈願する。

　私たちは、書庫も見学した。足利学校には儒学書16,000冊余りが保存されており、日本の儒学漢籍の宝庫と言える。スタッフによれば、ここでは毎年孔子をテーマとした祭祀、試験、講座、コンクール等のさまざまな記念活動が行われる。また非公開の「曝書」という行事も連綿と行われている。曝書とは虫干しの意味で、中国でも漢の時代に衣服と書籍を天日に晒す習慣があった。もともとは旧暦7月7日に行う行事だったが、自然の影響か、行事を平均的にならす意図からか、明代以降には旧暦6月6日に行うのが一般的になったものだ。足利学校の曝書は、古書保存のための重要な行事で、虫害と湿気を防ぐ目的で、毎年10月から11月中旬の湿度55%程度の時期に、安定した晴天が続く日を選び朝9時から午後3時の時間帯に行われている。この際、係は貴重な古書をひとつひとつ開けてページをめくり、自然の風に当てる。同時に虫食いの有無や、書籍を入れる外箱の傷みも確認する。

　足利学校は日本の孔子・儒教尊崇の象徴であり、儒教文化伝承の基地であるとともに、日中文化交流の証でもある。孔子は中国のものでもあり、日本のものでもあり、孔子文化の広まりにつれ、世界のものでもあるのだ。

跨越千年一脉承，隔海结出东瀛花
——汉字

吴　敏

　　最近一首名为《生僻字》的歌曲风靡各大媒体网站，深受学生们的欢迎。从最初的语文学科版本演化出了各个学科的版本，最近更是有日本网友乘势推出了日文的版本，引起了日语学习圈不小的轰动。不过日文版本的内容选的不是难写难读的字，而是日本人普遍觉得比较生僻的"四字熟语"。汉字，作为中华五千年文明的载体，其影响早已跨过国境对邻国产生了深远的影响。

　　那么汉字是什么时候传入日本的呢？在日本又是经历一个怎样的发展变迁过程的呢？

　　据史书记载，隋唐时期国力强盛，同时也多元包容地积极进行对外交流。汉字经由朝鲜半岛的百济国第一次传入日本，与佛教传播有着千丝万缕的联系。比如一莲托生、以心传心等四字熟语原本就是佛教用语。遣唐使中最出名的留学僧空海入唐，一是获得了密宗真传，二是获得了书法真传。回国之后除了弘扬佛法，更是将中国的书法也带入日本进而发扬光大，空海享有"日本王羲之"的美誉。

　　此外，汉字也承载着传播中国儒家经典等传统文化的功能。如切磋琢磨（语出《诗经》），温故知新（语出《论语》），森罗万象（道教术语，指宇宙内外各种事物和现象），一刻千

金（语出苏轼《春夜》）等无一不是中国文化对日本文化的深远影响，在日本四字熟语可以说是难度最高的一类词汇，也是一个人的古典文化素养的体现。

日本的汉字检定考试共设十级，从小学一年级学生掌握的80个汉字（对应最低级别十级）起，难度逐级加大，二级要求掌握2136个汉字，相当于高中毕业生水平。而最高级别的一级更是要求掌握约6000个汉字。想要通过一级，必须认真学习备考，因为很多汉字已经超出常见汉字的范畴了。

如今，走在日本的大街上，除了常见的假名和罗马字标识的招牌，汉字标牌绝对不算少数。从百货店高岛屋、伊势丹到银行业的东京三菱银行，餐饮连锁的吉野家等，可谓比比皆是，汉字的生命力已深深植根于日本文化和生活当中。那么现代商业社会当中汉字的属性和功用又是怎样的呢？笔者个人感受是：同一个品牌，采用汉字标牌和罗马字标牌给顾客传递的印象是有着微妙差异的。比如，著名珍珠品牌"御木本"如果用"mikimoto"的标识的话，给人印象是更国际化，而"御木本"的标识更能传递出一种历史感，有百年老店的韵味。不知道你对汉字的印象是不是也是这样呢？

双语趣谈中日文化 二ヶ国語の面白い中日文化

漢字、海を越え千年の時を超え咲きつづける花

呉　敏

　　最近『見慣れない字』という歌がネット上で流行り、学生たちにもてはやされた。最初に国語（中国語）版が世に出たあと、各学科で難しくて覚えられない言葉を集めたそれぞれの版が出現し、ついには日本にまで伝播して、日本語版まで現れ、日本語学習コミュニティで大いに注目された。この日本語版では、読み書きが難しい単漢字ではなく、普段なじみのない「四字熟語」が選ばれている。漢字は中華文明五千年の情報を伝える手段として、早くから日本に大きな影響を及ぼした。

　　では、漢字はいつ日本に伝わったのだろうか？日本でどのような発展変遷を経たのだろう？

　　歴史書によれば、隋唐時代は国力旺盛であったと同時に諸外国の文化を取り込み、包容力を持ちながら交流した。漢字はこのころ朝鮮半島の百済を経由して日本に伝えられたがこれは仏教の伝播と関係している。例えば、一蓮托生、以心伝心等の言葉は仏教用語である。また遣唐僧で最も有名なのは空海だが、それは彼がひとつには当時の教祖から直伝で密教を会得し、また当時最高レベルの書法を修めたことからきている。帰国後仏法の普及のみならず、中国の書法を日本に

持ち込んで広め、「日本の王羲之」と称えられている。

　そのほかに、漢字は儒家経典等の伝統文化を伝えるキャリアの役割も果たした。切磋琢磨（『詩経』）、温故知新（『論語』）、森羅万象（道教用語）、一刻千金（蘇軾『春夜』）等の単語はみな、中国古典から来ており、日本文化に影響した。これら四字熟語は日本語として最も難度の高い単語で、古来、古典文化素養のバロメーターともされた。

　日本の漢字検定は十級に分かれており、小学一年生に相当する十級の 80 字レベルから、難度が少しずつ上がり、二級は高校卒業レベルとして 2136 字の知識を要求される。最上級の一級の出題は日本で見慣れない漢字ばかりで、これを突破するには、真剣な勉強が必要だ。

　現代の日本の大通りに掲げられる看板では、かなや英字も目にするものの、漢字は絶対に欠かせないものだ。高島屋百貨店から始まって、伊勢丹、東京三菱銀行、飲食チェーンの吉野家等々、漢字の生命力は日本の文化と生活に溶け込んでいる。現代商業社会における、漢字の属性と効用は何かと考えたとき、私見では、同じブランドロゴに漢字を使ったときと英字を使った場合に消費者に与える印象が微妙に違うように思う。例えば有名真珠ブランドの御木本が Mikimoto になった場合、国際的された感覚があるが、「御木本」であれば、歴史ある由緒正しい老舗の味わいが感じられる。読者のあなたの漢字に対する印象はいかがですか？

日本茶道体验中的异文化感悟

刘丹青

　　2015 年 3 月有幸来到日本长野县上田市女子短期大学进行茶道的学习。这所学校是一所私立短期大学，它的创始人北野先生长期从事中日友好事业，而北野先生本人是个茶道爱好者。他的女儿精通日本茶道，于是就特意在学校里的小山坡上建了一个名为"信养庵"的古朴精致的小茶室，听说这种建筑在日本大学里算是凤毛麟角的了。

　　来到这所学校后开始了一周一次的茶道体验课。当我第一次走入真正的日本茶室时，被日本建筑中的精髓——清雅天趣所打动，由于禅宗倡导静寂无为的生活哲理，茶室自然追求自然天成。茶室中非跪行不能进入的小入口也许是世界建筑史上最罕见的设计之一了，这样的设计是希望以身体力行的方式来体验无我的谦卑。当我猫腰钻进茶室的一瞬间，感到自己在博大精深的禅宗文化下如此渺小。茶室的天棚用竹片制作，高低错落有致。顶棚较高的下面由客人落座，顶棚较底的下面是主人的位置，这样表示主人的谦逊和对客人的尊重。为表现美感，茶室窗户的构造也极具特色，用细竹制作，在上面贴上日式窗纸，起到遮光、挡风、保暖效果。这座小茶室分为凹间、客座、点前座、地炉。以地炉为中心，左边是水屋，放茶具和清洁用具。在茶室的最里面有一个叫"壁龛"的空间，摆放时令的鲜花，鲜花上面挂着一轴字画。

　　第一次体验茶道课的时候，山口老师发给我们一些点茶的道具，像茶巾、扇子、怀纸、茶勺等，还送给我们两双白色的袜子，这是专门进茶室练习茶艺时穿的。山口老师先教我们作为主人如何走进茶室对客人行礼，日本的茶道是从主人行礼，客人回礼开始，以表示互为尊重的待人态度。行礼的形式分为三种，分别是"真""行""草"。所谓的"真"就是将双手的手掌全部贴在榻榻米上，上身前驱低头，这种方式敬意的程度最深。日本扇子的摆法也很讲究，在主人和客人打招呼时，先摆放在双膝前，等客人都就坐后，再将扇子移向自己的右后方。当客人品尝日式点心时，主人就该开始正式的茶艺表演了。在中国叫沏茶，在日本叫点茶。在学习点茶之前，先要学习如何叠茶巾和擦拭茶具，这一练习都是跪坐式进行的，一练就是一个半小时，一次练下来感觉全身酸痛，这种最基础的训练持续了将近三个月。我切身感受到了在日本学习茶艺，艰辛且需要很强的忍耐力和坚定的信念。点茶前的准备工作做完后，开始真正的点茶阶段。和中国的茶叶有所不同，这里是将两勺左右抹茶的茶粉放入茶碗里，倒入热水后用力将茶打出泡沫，让茶粉充分溶解在热水里。待茶打好后，将茶碗有花纹的一面朝向客人，让客人品茶。客人谢过主人后，就可以饮茶了。

　　在这里我有幸系统地学习了日本的茶道，深切感受了日本

茶道与中国茶艺的差异。课余我翻阅了大量的资料，对中日茶道文化有了一定的了解。中国的茶文化可以说看重的是精神体验，有形式但并不拘泥于形式，以茶会友，通过品茶的形式结交八方的朋友，朋友欢聚一堂，畅所欲言，热闹欢喜的氛围充盈着茶室。而在日本重视茶艺表演的全过程，在这个过程中，表现"静寂"的茶道之美，重视人与人之间难得一次的见面机会，日语叫"一期一会"，所以彼此一定要互敬互重。重视主人的待客之礼，遵循"和、敬、清、寂"的四项茶道准则。具体说来，"和"是指不光在茶室，在社会上也要以和为贵；"敬"是指要谨言慎行，互尊互敬；"清"是指要洗涤心灵的污秽，保持心灵的纯洁；"寂"是指无论遇到什么事都保持一颗临危不乱的内心。所以，日本茶道崇尚的是在安静的环境下，自我修身养性，陶冶情操。

中日茶文化在形态上的差异要追溯到中日茶道的起源。据说在中国饮茶的第一人是神农氏，可追溯到五千年前。魏晋南北朝时期形成的茶文化，在唐代进一步趋于成熟。而日本的茶道是受中国佛教禅宗的影响而形成的。中国的茶文化在漫长的发展史上，吸收了"儒、佛、道"的精髓，崇尚"禅茶合一"、中庸的精神。在中国文化中有儒家和道家相辅相成的思

想，儒家的中庸观念和道家自然无为的思想对中国的茶文化影响很深。因此，中国的茶文化尊崇自然美，不像日本茶道那样重视庄重的仪式。所以在中国饮茶是一件很普遍的事情，长幼尊卑，男女老少都可以享用。而在日本，把茶道称为茶艺可能更为恰当，当中国的茶文化传到日本的时候，就已经赋有禅宗的思想。被称为"茶神"的陆羽，悉心钻研中国的儒家思想，将深刻的学术原理溶于茶这种物质生活之中，从而创造了茶文化。被称作茶道的"鼻祖"和集大成者的千利休，明确地规定了"和、敬、清、寂"这一茶道准则。人们根据这一准则，通过在茶室中喝茶，自省自己的行为，通过和茶友的交流，洗净自己内心的污垢，消除与他人的隔阂，达到"以和为贵"的精神境界。佛教中的禅宗里没有人的高低贵贱之分，凡事以和为贵，因此日本的茶道将禅宗思想表现得淋漓尽致。

此外，在安土桃山时代，茶道与武士的关系甚密。对于终日作战，生命朝不保夕的武士来说，唯一可以不佩戴武器进入的茶室成了他们的休息之所。茶道仪式、茶香提醒着他们活在当下，让他们暂时忘却血腥的厮杀，以此缓解对战争与死亡的忧虑。统治者也觉察出茶道这一神奇功能，所以没有战事，便举行茶事，鼓舞士气。

第一次体验茶道的"外行人"心里总是紧张、兴奋大于品味。日本的茶道流派众多，规矩也繁琐多样，面对如此繁冗的茶道规程，心里总是很担心哪个环节做得不到位，影响了对茶道的敬畏之情。但无论是茶道精湛的艺人还是我这个感兴趣的外行人，共饮一壶香茶后，之前的紧张和担心就完全释然了。从一小碗茶中，体悟到茶道精神的博大精深。也许平等、和谐、自由和归属才是短短茶道体验中最弥足珍贵的感悟吧。

茶道体験記

刘丹青

　2015 年 3 月、長野県上田女子短期大学で茶道を学ぶ機
会を得た。この私立短大の創立者北野氏は長らく日中友好事
業に携わった人だが、茶道を愛好し北野氏の娘も茶道に精通
している。短大の敷地内の小高い丘の上には「信養庵」と名
付けられた茶室が設けられているが、このような設備が大学
のなかにあるのは、日本でも珍しいとのことだ。
　私はこの学校で週に一度の茶道体験クラスに参加した。
初めて日本の茶室に入ったとき、日本建築の精髄、静けさの
なかの自然な趣に深く心を打たれた。茶室は禅宗が目指す静
寂無為の哲理を指向しそれを実現している。跪かなければ入
れない茶室の小さな入口「にじり口」は世界の建築史上でも

非常に珍しい構造の一つだが、このような設計は、人に謙遜
と無我を身を以って体験させる。私の場合で言えば、茶室に
入った瞬間に深淵な禅宗文化のなかで自らが全く小さな存在
であることが感じられた。窓のしつらえも茶道独特の美感覚
によるもので特色がある。細い竹を使い、その上に紙を貼っ
て遮光、風よけ、保温の効果を持たせている。信養庵の茶室
は床の間と客座、手前座、炉の部分に分かれている。炉を中
心として、左にある水屋には茶道具や掃除道具を置く。茶室
の最も奥の部分は「壁龕」で、時々の花を置き、その上に書
画を掛ける。

　最初のお茶の稽古の際、山口先生は私たちのために、茶
巾や懐紙や茶杓などのほかに、白い足袋を 2 足準備してくだ
さった。これは、茶室に入る際に履く専門の靴下だ。稽古は
まず、主人としてどのようにして茶室に入り、客におじぎを
するかから始まった。茶道が亭主のおじぎ、客がそれに対し
おじぎを返すところから始まるのは、お互いを尊重する態度
の表れである。おじぎの仕方には「真」「行」「草」の 3 種類
があり、「真」のおじぎは両手全体を畳にのせ、上半身全体、
頭までを低くするやり方で、最高程度の尊敬をあらわす。扇

子の使い方にもルールがある。亭主は客に挨拶する際、扇子をまず自分の膝の前に置き、客全員が着席すると、扇子を右後方に移す。客にはまず菓子を差し上げ、その間に亭主は茶を点てはじめる。お点前を学ぶ前に、茶巾を使った道具の拭き方を身につけなければならない。一回の稽古は一時間半で、終わると全身が筋肉痛になる。このような最も基本的な訓練が三ヶ月続いた。茶道を学ぶことの大変さを身体で体験し、忍耐力と固い決意が必要であることを感じた。茶を点てる前準備を経て、いよいよお点前になる。中国の茶葉と異なり、粉末状になった茶を2さじ分茶碗に置き、熱湯を注ぎ入れてから茶筅を使って泡だたせる。茶を点ておわると、茶碗の柄のある方を客に向けて差し上げる。客は亭主に対しおじぎをしてからお茶をいただく。

　日本の茶道を系統立てて学んでみて、中国の茶芸との違いを感じた。授業の合間に大量の資料に目を通し、日中の茶文化について認識を深めた。中国の茶文化は、精神的な体験に重きを置いており、形式はあるものの、あまりそれにはこだわらない。茶を味わうことで様々な人と知り合い、茶を媒介に楽しく集い、お互い好きなようにおしゃべりをし、賑やかで楽しい雰囲気がその場に満ちている。一方日本の茶道は、茶会の全過程が大切であり、プロセス全体を支配するのは「静寂」だ。日本語で「一期一会」と呼ぶ人と人の得難い縁を重視することから、お互いが敬いあい、尊重しあう関係でなければならない。主人の客に対する礼も「和敬清寂」の四原則に沿ったものでなければならない。「和」とは茶室内のみならず社会においても和を尊ぶこと、「敬」は言葉と行いを慎み、他人を尊重すること、「清」は精神の汚濁を洗い清め、澄んだ心を保つこと、「寂」とはどんな出来事に遭遇しても冷静さを保つことだ。日本の茶道は、落ち着いて静か

茶道体験記

85

な環境の下で自らの身を修め、心を養い、情操を深めること
に重きを置いている。

　日中の茶文化の違いはそれぞれの起源の違いから生まれ
たものだ。中国では喫茶習慣の始まりは神農で 5000 年前に
遡ることができる。魏晋南北朝時代に形成された茶文化は唐
代に成熟発展した。日本の茶文化は、それよりずっと後、中
国仏教の禅宗の影響で形成されたものだ。中国の茶文化はそ
の悠久の歴史上、「儒、仏、道」のエッセンスを吸収し、「禅
と茶の合一」というバランス感覚を持つに至った。儒家と道
家の思想には相補い合う要素があり儒家の中庸の概念と道家
の自然無為の思想は、中国茶文化に大きな影響を与えた。中
国茶文化は自然美を尊び、日本茶道のような荘重な儀式性は
ない。お茶を飲むのは普通のことで老いも若きも性別も社会
的地位も関係ない。日本では中国から茶文化が伝わったとき
に、すでに禅宗の思想と関連づけられていた。茶神とされる
陸羽、中国の儒家思想を専心して学び、アカデミックな原理
をこの茶という物質に込め、独自の茶文化である茶道を創造
した。茶道の創始者である千利休は「和静清寂」を茶道の四
規と定めている。人々はこの規則に従い、茶室で茶をいただ
くときに自らの行為を省み、人との交流を通して自らの心を
清め、人との隔たりを無くし「和を以て貴し」の精神世界に
至る。禅宗では人に身分の貴賤はなく、全てが和を以て貴
い。日本の茶道は禅宗思想の忠実な体現なのだ。

　また安土桃山時代には茶道と武士の関係は緊密であっ
た。一日中戦い、朝ある命が夜には保証されない武士にと
って、武器を持って入ることのできない茶室は安息の場所
だった。武士たちは茶の香りで、いま自らの命が存在して
いることを確認し、血なまぐさい殺戮を暫時忘れて、戦い
と死に対する憂いを緩めた。武将たちはこの素晴らしい茶

道の効能を知って、戦いの合間にたびたび茶会を催し、士気を鼓舞した。

　始めて茶道を体験した私は、とても緊張しており、茶をよく味わうところまでは至らなかった。日本の茶道流派は数多く、決まり事も細部にわたっており、手順の間違えることへの恐れは、そのまま茶道に対する畏敬の念につながった。しかし、茶道に精通した人でも、私のような素人でも、ひと時を共にし一緒に茶をいただくことで、緊張や心配が消えるのだ。小さな茶碗には、茶道の奥深い精神世界以外にも、人と人の平等、ハーモニー、自由と帰属が詰まっているということが、短期間の茶道体験で最も深く感じたことだ。

茶道体験記

赏花与花道

衣美华

明月临窗，清风入怀，煮一壶好茶，燃一缕沉香，插一束鲜花，挂一幅字画。"烧香点茶，挂画插花"，俱为修身养性之举。这些被宋代文人视为雅致生活的"四艺"也受到了日本人的喜爱。日本在引进品茗、莳花、闻香、书画之后将其发展成了茶道、花道、香道和书道。其中，茶道与花道还作为一种技艺，成为百姓喜闻乐见的生活礼仪。

2013 年，我有幸参加了中日友好协会组织的长野县上田女子短大为期半年的学习生活，期间选修了西洋插花课程，还参加了茶道社团，接触了茶道插花。我发现日本人真的爱花，他们会根据二十四节气，用不同的插花形式进行庆贺。晚冬山茶、盛夏百合、端午紫色菖蒲、新年松竹梅。花已经融入了日本人的生活，不仅茶室里有插花，普通人家也爱摆放鲜花，有庭院的家庭还会在门口栽种应季的三五种花。日本花道不重视花的数量和华丽，所用的花枝颜色一般不会超过三种。茶道插花多选用山花野卉，配以虽不精美，但古朴且不加点缀的粗陶等材质，以最为自然的方式摆放在容器当中。一枝白梅或一轮向日葵等简单的花草都可以营造出一种幽雅、质朴的美感，让人感受到"静、雅、美、真、和"的禅宗意境。

这次亲身体验了东西方的插花艺术，促使我对花和花道有了进一步了解。说到日本的花，想必很多人都会想到樱花。樱

花原产喜马拉雅山脉，经四川东渡日本，其传入日本的时代远比梅花要早。但其实日本人开始赏花是源于贵族们效仿中国的赏梅习俗。公元700年前后，遣唐使把梅花、垂柳与花卉欣赏风俗带回了日本，赏梅风俗便在上流社会的贵族之间开始流行。到了平安时代，人们的嗜好从清雅变为华美、优美，对于花木的欣赏才由梅花转向了樱花，因此樱花开始成为日本的代表花木。菊花是在奈良末期至平安初期由中国传入的，菊花华丽、闲寂的风采符合平安时代日本人的审美情趣，宫廷贵族便仿效中国重阳赏菊的风俗，将九月九日定为"菊花节"，并在宫廷中举行菊花宴，饮菊酒。

据史料记载，圣德太子非常崇尚中国文化，公元607年他派遣使者小野妹子来隋朝学习。小野妹子前后来中国三次，在中国受到了佛教文化的熏陶，他不仅领悟了中国僧人用默念以求超越世俗的意念，同时还把中国佛前用来表示人们对佛的崇敬以及信奉专一的供花，连同当时供花所用的青铜器皿一并带回日本。后来他皈依佛教，并居住在由太子创建的六角堂的池坊内，专修佛教，行祭坛插花，形成了日本最古老的插花流派"池坊流"。而在六角堂的池坊总部，从江户时代初期开始，每年的七夕都会举行"花道遥"大展（后考虑到农历七夕暑夏的花材与保鲜不宜，故改为红叶的风情季节）。由此可见，中国的赏花习俗和佛前供花对日本传统插花艺术的萌生、发展起到了决定性的作用。

虽然日本的花道源于中国，但它更具有自己独特的韵律与美感。每一朵花、每一片叶都能让我们从中感受到"自然之美""顿悟之美""无常之美"，体会到强烈的颇具民族气韵的特色。我想它之所以能成为当今世界上东方插花的典型代表，更重要的是因为它融汇了日本优秀的民族精神和传统文化。

華道つれづれ

衣美华

　窓に月、気持ちの良い風が懐に入り込む夜、香を焚き、野の花を活け、一幅の書画を掛ける。宋時代の文人によって、生活の理想とされた「茶、花、香、書」は、身を修め心を養うものとして日本人にも好まれ、日本でそれぞれ茶道、華道、香道、書道として発展した。中でも茶道と華道は技芸として一般に歓迎され生活マナーともなっている。

　2013 年、中日友好協会の企画により、私は長野県の上田女子短大での半年の研修に参加する機会を得た。期間中、西洋式のフラワーアレンジメントのほか、茶道の稽古にも参加し、茶道における花の扱いにも触れた。私が感じたのは、日本人は花のある生活を愛しており、二十四節季に合わせた様々な飾り方で、折々を花で祝う。たとえば、年の初めには松竹梅、冬の終わりには椿、端午の節句には菖蒲、夏の盛りには百合等。花は日本人の生活に溶け込んでおり、茶室で花が活けられるだけでなく、普通の家庭でも生花を活け、更に庭がある家では季節に応じたガーデニングが盛んだ。日本の華道では、花の数や華やかさは重視されず、使われる花の色は一般に 3 種類以下だ。茶花では野山に咲く花が選ばれ、作りこんだアレンジはされない。余計な飾りのない、素朴で使い込んだ見た目の陶器を使い、外で自然に咲いている様子の

ままに活けられるのだ。白梅のひと枝、一輪だけのひまわりなどの簡単な草花が、素朴ななかにも奥深い優雅さと美を現わし、見る者に「静、雅、美、真、和」の禅の境地を感じさせる。

今回、東洋と西洋の花文化を身をもって体験し、花と華道について自らの認識を深めることができた。日本の花といえば、多くの人が桜を思い浮かべる。桜はヒマラヤ原産で、中国四川地方を経由して日本に渡った時期は、梅よりも早いと考えられる。一方、花を観賞する習慣は、西暦700年頃、遣唐使が梅や柳等を持ち帰ったとの記録があり、中国の梅を愛でる風俗が日本の上流階級に広まった。平安時代になると、嗜好が変化し、より華美、優美な花として桜が好まれるようになり、桜は日本を象徴する花となった。他に菊は奈良時代末期に唐から伝わったものだが、菊の華麗ながらも閑寂な風情は平安時代の日本人の美意識に合致したため、貴族たちは中国の重陽節に倣い、9月9日を菊花節とし、菊にちなんだ宴を催し、菊の花びらを浮かべた酒を楽しんだ。

資料によれば、中国文化を尊崇した聖徳太子によって隋に送りこまれた小野妹子は、西暦607年から前後3回、隋に滞在した。小野は仏教文化の薫陶を受け、黙考による悟りを会得した以外に、花を供え、仏に対し崇敬を表す習慣やそれに用いる青銅製の花器一式を持って日本に帰国した。帰国後、仏教に帰依した小野は、聖徳太子が創建した京都六角堂の池坊に住まい、仏教を修める一方、仏前に花を供えた。これが日本最古のいけばな流派である池坊流の始まりである。池坊流本部はいまも六角堂にあり、江戸時代初期から毎年「花逍遥」と題する展覧会を開いている。このように、中国の花見や供花の習慣が日本のいけばなの創生に果たした役割は大きい。

日本人と花の出会いは古代中国にそのきっかけがある
が、日本独特のバランス感覚と美感に磨かれ、華道で活けら
れた花一輪、葉一葉は、見る者に自然、悟り、無常を感じさ
せると同時に民族の品格の表現となっている。日本華道は東
洋の花文化の代表だが、見た目の優美さ以上に日本の精神的
な伝統、文化と深く結びついていることが更に重要な点であ
ろう。

日本人的三大雅好之香道

吴　敏

再访京都是一个秋日的下午，暖暖的阳光透过深浅不一的红叶洒在寺町通老街的石板路上。空气中飘荡着一种无以言说的沉沉的蜜香，厚重又古朴，让我忽然从一个游客的匆匆心态中沉静下来。

寻香而去，我走进这条南北向的小路的深处，恍惚间有一种美好的错觉，好像日本大文豪川端康成笔下《古都》女主人公千重子随时可能从路旁古色古香的店铺中走出来与我擦肩而过。在寺院林立的古都，佛国的气息无处不在，空气中总是飘荡着那种若有若无的香气。而此刻这里，我身处的寺町通老街上的香气似乎来得格外浓郁些，这激起了我的探访之心，不借助网络地图也不去询问路人，我辗转找到了香味的源头——鸠居堂（京都著名香料和文具老字号商店）。

走进店铺，我问店员熏的是什么香？答曰白檀。店内除了精美的和风文具之外，陈列着各种形制的香和香具，别具情致。店员听说我是从中国来的，特意带我走到一个展柜前，里面陈列着许多天然香料的原材料，比如白檀、沉香、安息香等。其中最昂贵的是一块被称为伽罗的木料，据说是沉香中最名贵的品种，是他们的镇店之宝。因为是平日的下午，客人并不太多，店员乐意给我介绍很多。听说现在买香的以白领居多，多是购买线香，用来解压和放松。当然也有一些较专业的

爱好者会来买木料回去自己加工调制专属于自己的那款香。

香文化和许多传统文化一样起源于中国，传入日本已有九百多年，香道一词据说是诞生于日本，与花道、茶道一起并称为三大"雅道"，鉴真东渡传入日本后极受当时仰慕唐朝风雅文化的贵族们的追捧。《源氏物语》中有几个场景描写到平安时代贵族举行"赛香"的盛况，而主人公光源氏登场之际，往往未见其人先闻其香，令人心旌摇荡。

香道最初只是在寺院中兴起流传，在佛事庆典时多焚香用于祭祀，并没有走进平民百姓的日常生活。当时的士族阶层人士把香道当成一种教养和精神寄托来推崇，而并不仅仅局限于审美层面。后来香道在日本逐渐发展成为一种传统艺术，通过欣赏香料来追求极致的审美体验和表达精神的寄托。熏香变成了一种仪式感强的带有一定奥义的"道"。日本的香道活动主要为两大类型，一种是闻香，主要是品鉴香料的香气；另一种是辨香，它随着历史的变迁发展出许多的流派，现在流传下来的主要是御家流和志野流。

镰仓幕府时代，由三条西实隆开创了日本香道，这也是香文化日本本土化的开端。据说他的家中收藏有 66 种名香，经常邀请亲朋好友来家中闻香。不同于以往焚香的做法，他将香料切片置于香盒或香炉中，供人嗅闻。

明治维新之后，随着日本经济和国力的发展，更多的香料进入日本，也出现了更多的香道工具。香道不再是上流阶层专享的高级嗜好，更多的平民也喜欢上了香道。

今日，不加入正式的香道协会，普通人很难有机会体验这种游戏。其实对于香道爱好者而言，输赢胜负并不重要，以香会友，增加生活中的情趣才是更重要的。

追根溯源，日本的香文化起源于中国，最早有文字记载的香道活动是在大约五千多年前，那时候焚香主要是一种国家行为，多用于祭祀，用于沟通人与天地神灵。说到历史上中国香

文化的代表性人物，最早可以追溯到春秋战国时代的大诗人屈原，他每每自比为"香草美人"，在他的名作《离骚》中有着很多跟香文化有关的咏叹。到了汉代，随着路上丝绸之路的开通，乳香、没药等西域的香料进入中国（史称"西香东进"），极大地丰富了香料的种类。等到了宋代，随着海上丝绸之路的打开，以龙涎香、沉香、檀香、麝香为代表的四大香料源源不断流入中国（史称南香），极大地促进了中国香文化的发展。品香不再是文人士大夫的私房雅趣，更是普通百姓的日常生活。清朝后期，国力衰微，香道在中国日渐萎缩，却在一衣带水的日本不断发展，发扬光大。到了现代，随着中国国力的不断强盛，人们对香文化的兴趣日渐高涨，很多传统的香方得以复活，越来越多的人在繁忙的日常生活之余愿意焚香品鉴。

其实无论是香道、花道还是茶道，都是高雅的生活艺术，它们的推广发展需要国家的安定和经济的繁荣，希望香文化在中日两国各自不断发展，让更多的民众能接触、感知香文化之美。

日本の香道

呉　敏

　　京都を再訪した秋の日、まだ暖かさの残る午後の光が、紅の濃淡がさまざまな寺町通りの石畳の落ち葉を照らしていた。街の空気のなかに言葉に表し難い濃厚で重層な香りが感じられ、旅行者の慌ただしい気分が鎮められるような心持ちがした。

　　香りに誘われるように、私は南北に走る細い通りの奥へ進んだ。京風の古い店構えが並び、川端康成の小説『古都』の女主人公八重子がそのうちの一つからいまにでも出てきて、私とすれ違うのではないかという甘い錯覚が頭をかすめた。寺が多く並び立つ京都は仏の都として、いつも空気のなかに香の香りがかすかにただよっているように感じられるが、この寺町通りでは香りが更に強いと思いかけたとき、私のなかで探究心が沸き起こった。ネット地図を見たり人に聞くこともせず、街を点々と廻ったあげく、香りの源である鳩居堂に行き着いた。

　　鳩居堂は香料と文具を取り扱う京都有数の老舗である。店に入り、店内に漂う香りは何かを店員に聞くと白檀との答えだった。店内は美しいデザインの和風文具以外にさまざまなお香とそのための道具が陳列され、品揃えは圧巻である。店員は私が中国から来たと知ると私をお香の原材料

がディスプレイされている一つの棚の前に案内してくれた。白檀、沈香、安息香等の天然原材料のなかで最も高価なのは伽羅という木材で、これは沈香の最高品種でこの店を守る宝だということだ。平日の午後で客足も多くないため、店員がいろいろ説明してくれたところによると、現在お香を買う客はホワイトカラーが増えていて、その多くはストレス解消とリラックスのために、線香を購入するそうだ。もちろん伝統的なお香の愛好者もおり、そのような人たちは原料木を買っていき自分で好きな香りを調香するという。

香文化は日本に入って900年経つが、他のさまざまな伝統文化同様その起源は中国にあるものの、「香道」という言葉自体は日本で生まれ、華道、茶道とともに三大雅道とされている。鑑真が持ち込んだ香は唐の文化を追い求める日本貴族たちに追いかけられ、『源氏物語』にも平安期に流行した香比べの場面がいくつかあるほか、主人公光源氏は、姿を現す前から香によってその到来を知らせ、女たちの心をときめかせている。

日本の香道

香は、祭祀の際に香を焚くなど最初は寺院のなかで使われ始め、庶民の日常とは無関係であった。武士階級が香道を教養と精神修養の手段としたことから、審美体験以上のものとして扱われるようになる。その後、芸術として香りを楽しむことで美的体験と精神表現を、香を焚くことは、儀式的で一定の奥義を秘めた「道」となった。日本の香道の構成は二つに分かれている。まずは香りを嗅ぎ、何の香りであるかを言い当てること、次に歴史上さまざまな流派が生まれたが、現在の主流は御家流と志野流だ。

鎌倉時代に三条西実隆が日本の香道を創始したのが、香文化の日本化の発端だ。伝承によれば、彼は66種の名香を

所蔵し、友人を招いては香を楽しんだという。香木に火を点けて香りを出す以外に、彼は香蓋や香炉も使って客に香を嗅がせた。

明治維新後には香道は、日本の経済力、国力の発展に伴い、原料の輸入も増え、香道のための道具も盛んに作られるようになった。香道は上流階級だけのものではなくなり、庶民も香道を楽しむようになった。

現在、香道の流派に所属していなければ、香道に触れる機会は少ない。香の愛好者に言わせれば、勝ち負けは重要ではなく、香を通して人と交流し、生活の楽しみを増すことが大事だという。

日本の香文化の起源は中国にあるが、中国での香りに関する最も早い記述は五千年前に遡る。当時香を焚くことは国家行為であり、祭祀や、天地の神霊と人の交流が目的であった。歴史上で最も早い時期の香道文化を代表する人物は、春秋戦国時代の詩人屈原であろう。彼が愛国忠国の士を「香草美人」とした作品『離騒』には、香りにまつわる様々な表現がある。漢代になると陸上のシルクロード貿易の発達により、乳香、没薬（もつやく）等の西方の香料が中国に伝わり、香料の種類が豊富になった。宋代には海路シルクロードが開かれ、竜涎香、沈香、檀香、麝香の四大香料が中国にもたらされ、中国の香文化の発展を促進した。香を嗜むことは文人の優雅な趣味を超えて平民の日常生活に広がった。清代以降、国力が衰え、中国の香文化はすたれたが一衣帯水の日本では発展を続けた。現在、中国の国力復興に伴い、人々の香文化に対する興味は高まっており、伝統的な香料店が復活し、多くの人が多忙な日常生活の余暇に香を焚き香りを楽しんでいる。

香道、華道、茶道とも生活に関連する芸術だが、これら

の普及と発展には国家の安定と経済的繁栄が必要だ。香文化が中日両国で継続して発展し、人々がその楽しみに触れる機会が多く設けられることを祈りたい。

日本の香道

横滨中华街，从故乡到未来

李冬阳

　　华人在横滨居住已有一百六十年的历史。从 1859 年横滨开港之日起，华侨们便开始在这里居住。如今，横滨中华街及其周边生活着 9000 多名中国人。作为日本著名的港口城市，横滨承载了一代代异乡游子的前世与今生。

　　离海步行五分钟左右，"中华街"的牌坊便映入眼帘，一个微型而又深刻的"中国"呈现在我们面前。作为日本乃至全亚洲最大的中华街，横滨中华街每年都吸引着 2000 万游客慕名前来。从中国远渡重洋而来的华侨们不断守护着这片街区，使这里不仅成为异乡游子们赖以生存的地方，更是他们的心灵根基。犹如随风飘散的种子一般在所落的土地上扎根生长的华侨们虽然与日本人的口感喜好相互碰撞，但为了自己及后代的生存和发展，他们世世代代坚守着。如今，横滨中华街里坐落着 240 多家中国餐馆，被日本媒体誉为"中国料理的主题公园"。东北菜、广东菜、上海菜、四川菜、北京菜、福建菜、台湾菜、湖南菜，海鲜、火锅、自助餐等佳肴应有尽有。其中，经营广东菜、上海菜、四川菜的餐厅数量占主导。来自中国内地、香港、台湾的华侨们不仅做得一手家乡传统美食，为了受到日本顾客的欢迎，还会积极研发像"蛋黄酱裹虾仁"这样家乡没有的、融合了日本人口感喜好的特色美食。即使日语不熟练的经营者在这条街上生存也不会遇到障碍。

笔者于 2016 年在日本读硕士研究生期间，与大学时代结识的横滨友人重逢，正值中国的传统佳节——春节期间，友人为了一解我的思乡之情，便提议与我一起前往横滨中华街感受节日气氛，过个中国年。灯笼、舞狮、中华美食……到处洋溢着"中国元素"的中华街吸引了来自日本国内外的众多游客。虽然那天在中华街吃到的北京烤鸭和地道的家乡味道稍有不同，但对我而言，能够在异国的土地体验到颇有中国味道的春节是非常幸福的，这也是一个和日本朋友展开民间友好交流的契机。

除了春节这样盛大的中国传统节日庆祝活动，横滨中华街每年还会定期举办美食节活动，为店铺之间互相切磋交流、提升中华街整体活力提供平台。参加活动的华人以及日本民众在感受中国特色美食的同时，也进一步加深了彼此之间的友好交流。

从故乡到未来，横滨中华街凭借中国特色美食成为中日民间交流的历史见证。

横滨中华街，从故乡到未来

横浜中華街の故郷と未来

李冬阳

　　1859 年の横浜開港以来、中国人の横浜居住は 160 年となり、横浜中華街とその周辺には 9,000 人以上とも言われる華僑が住んでいる。港町横浜は、異郷に暮らすさすらい人たちの前世といまを引き受けてきた。

　　海から 5 分歩くと目に入る「中華街」の牌坊は、形而的でもあり、実質的な中国の存在を示すものでもある。横浜中華街は、日本そしてアジア最大の中華街で、毎年 2,000 万人もの観光客が訪れるが、中国から渡ってきた華僑たちはこの街を守り続け、異郷における同胞の生きる場所、更には心のふるさととなってきた。横浜中華街には 240 以上もの中国料理店があり、東北、広東、上海、四川、北京、福建、台湾、湖南の各地区の料理から海鮮や火鍋、バイキング形式等、ありとあらゆる中国料理が揃い、日本のマスコミには「中国料理のテーマパーク」と呼ばれている。風に乗って飛ばされた種が、落ちた場所で根を張るように、日本人の嗜好との衝突を経ながらも、華僑たちは、自らの生存と後の世代の発展のために店を守り続けてきた。華僑たちのルーツは中国本土、香港、台湾等さまざまだが、故郷の伝統的な美食を作り続けるだけでなく、日本人の味覚と融合させた「エビマヨ」等の料理を作りだした。日本語が不自由であっても、この街であ

れば生きていくのに障害はなかった。

　私は、2016 年に日本の大学で修士課程に在籍した際に大学時代の友人と横浜で再会した。ちょうど春節の期間で、友人はホームシックになっている私を気遣い、横浜中華街で春節の気分を味わい、中国の新年を祝おうと考えてくれたのだ。灯篭、獅子舞、そして中国料理と横浜中華街は隅々まで中国一色であり、日本内外の多くの旅行客で賑わっていた。この日、口にした北京ダックは私の故郷の味とは少し違ったが、国外で中国の雰囲気にあふれる春節を過ごせるのはとても幸せであり、また日本人であるこの友人とさらに打ち解ける機会ともなった。

　春節以外にも、横浜中華街は毎年定期的にイベントを開催しており、店舗間の交流で中華街全体の活力を高めるプラットフォームとなっている。またイベントに参加する中国人、日本人にとっては美食を楽しむ以外に、相互に交流する機会を得ることができる。

　華僑がそれぞれの故郷から持ち込んだ美食を媒介に、横浜中華街は過去において、そして未来に向けても、日中の民間交流の証人だ。

小小风筝一线牵，文化渊源代代传

刘丹青

2014 年，本人刚好在日本学习，受日本朋友浅野先生的邀请，有幸参加了静冈县滨松市的风筝节。浅野先生说，过去滨松城的城主为了祈求当地孩子们的健康成长，每年都会举办风筝节，节日这天，男女老少都会放飞各式各样的风筝。当我走进当地的风筝节活动时，被那浓烈的节日气氛所包围。当我牵起这长长的风筝线时，脑海中不禁浮现出小时候和爸妈在公园放风筝的情景。还记得小学一年级的时候，爸爸带我一起做风筝。那时最流行的是大鸟形状的风筝。一个周末，把我家最大的桌子拉开，把所有的用具都放在上面，首先做出一个菱形的风筝骨架，将骨架的四个角用棉线绑好，然后按做好的骨架大小准备好报纸，对应骨架的四个角在报纸上各穿上棉线，绑于骨架上固定。最后将准备好的长棉线一头绑在骨架上，另一头绑在准备好的木棍上，中间多余的棉线先缠绕在木棍上。"刘桑，赶紧放线！"被浅野的呼叫声拉回了现实，我赶紧放开手中的线，看着浮世绘画风的风筝飘扬在晴朗的天空上，真是心旷神怡啊。

风筝节结束后，我和浅野一起走进了附近的一个茶馆，一边品茶一边聊起了风筝的历史。浅野是一位日本小学的教师，他酷爱中国的历史和文化。我们聊到，风筝文化的起源要追溯到中国，早在中国唐代时，通过遣唐使从中国带到日本。

风筝传入日本后，到江户时代才在民间流传开来。早期的风筝多为长方形和半圆形，上面没有任何装饰。到了明治时代，浮世绘的画风已成为日本风筝的独特风格，提升了风筝的艺术与欣赏价值。

中国风筝有悠久的历史，据说汉朝大将韩信曾利用风筝进行测量。梁武帝时曾利用风筝传信，但未成功。南北朝有人背着风筝从高处跳下而没有跌死。唐朝的张丕被围困时曾利用风筝传信求救兵，取得了成功。这些说明中国风筝的历史至少有两千多年了。

还清晰地记得父亲和我讲过，中国从唐朝开始，风筝逐渐变成了玩具。到了晚唐，风筝上已有用丝条或竹笛做成的响器，风吹声鸣，因而有了"风筝"的名字。到了宋朝，风筝已有很大的发展，品种增加，性能提高，与人民生活有了密切的联系。明朝画家徐渭写过很多与风筝有关的诗。到了清朝，玩风筝之风更盛。可以说，中国的玩具风筝在这时发展到了相当高的水平。从唐宋开始，中国风筝向世界流传，先是朝鲜、日本、马来西亚等亚洲国家，然后传到欧洲和美洲等地。

浅野又具体地和我说了说风筝的起源，印象最深的要数"斗笠说"。斗笠是一种古老的防雨防暑器具，当人类由渔猎转为耕作时就开始使用，特别在热带、亚热带是必不可少的。那时的斗笠制作很简单，系绳也就地取材，多用柔软的树皮纤维。据说有一农夫正在耕作时，忽然狂风大作，卷起了他的斗笠，农夫赶紧去追，一下抓住了系绳。恰巧这系绳很长，斗笠便随风在空中飞翔。农夫觉得非常有趣，以后便经常给村民放斗笠，后来演变成为放风筝。

后来，我也查阅了一些资料，从风筝的演进来看，古代风筝，除被用于军事上的侦察工作外，更有进行测距、越险、载人的历史记载。汉朝时，楚汉相争，韩信曾令人制作大型风筝，并装置竹哨弓弦，于夜间漂浮楚营，使其发出奇怪的声

音，以瓦解楚军士气。南北朝时风筝曾被作为通信求救的工具。唐代时，风筝已渐转化为娱乐用途。宋代把放风筝作为锻炼身体的活动。百姓在清明节时，将风筝放得高而远，然后将线割断，让风筝带走一年所积之霉气。明代，以风筝载炸药，依"风筝碰"的原理，引爆风筝上的引火线，以达成杀伤敌人之目的。放风筝现在在中国已成为大众休闲娱乐的体育活动之一，无论春夏秋冬，无论公园还是广场，都能看到各色各样的风筝飘扬在空中。

自唐朝风筝传入日本之后，在日本的江户时代前期，只有贵族、武士阶层能够享有玩风筝的乐趣，到了江户时代后期，不论阶层、身份，放风筝成了老少皆宜的娱乐体育健身活动，慢慢普及到了全国，成了孩子们的新年游戏。各地方均会举行放风筝和风筝比赛等不同的例行活动。放风筝有祈求丰收、孩子健康成长以及辟邪等各种不同的意义。日本全国各地都有蕴含地方特色的乡土风筝，比如有乌贼形状的风筝，也有用金银装饰的豪华风筝。到了明治时期由于担心风筝会缠绕到电线上，放风筝的活动逐渐减少，但团体组织的放风筝活动并没有衰退。现在还流行"风筝竞赛"，看谁能将对方的风筝从天空中弄下来，谁能将对方的风筝线弄断，最终留在空中的风筝取胜。竞技性的风筝比赛大都是祈求孩子的出生以及健康成长。

这次风筝活动后，我想起了清代高鼎"草长莺飞二月天，拂堤杨柳醉春烟。儿童散学归来早，忙趁东风放纸鸢"的诗句。其实千年前的古诗中就有对风筝的描述和赞美，时至今日做风筝放风筝依旧被人们所喜爱。纤细的风筝线连接着中日友好的情感，无论时代如何变迁，文化如何传承，人们对美好生活的向往以及对孩子的祈福情怀亘古不变。

凧　文化を代々につなぐ一本の糸

刘丹青

　　2014 年、日本で勉強していた際に友人の浅野氏の招き
で静岡県浜松市の浜松まつりの凧揚げ合戦に行く機会を得
た。浅野さんが言うには、昔浜松城の城主は当地の子供たち
の健康と成長を願って毎年凧を揚げたそうで、いまでも男女
の別なく老いも若きもこの日はさまざまな形の凧を揚げる習
わしだ。お祭りの気分が満ち満ちるなか、凧の長い糸を手繰
っていると、自分が幼いころ両親とともに公園で凧揚げをし
た情景がふいに思い出された。小学校一年生のときには父親
と一緒に凧を作ったことがあった。当時流行していたのは大
きな鳥の形をした凧で、ある週末、我が家の一番大きなテー
ブルを使って、道具をその上に置き、まずはひし形の骨組み
を作り、骨組みの四隅に綿糸を通した。そして骨組みの大き
さに合わせて準備した新聞紙が骨組みにつけた綿糸を通すよ
うにし、最後に長い揚げ糸の一方を凧の骨組みに、もう一方
を糸巻に固定し長い糸をどんどん糸巻に巻いていく。突然
「劉さん、糸を放して！」という浅野さんの声で現実に引き
戻された。急いで糸を繰り出すと、浮世絵柄の凧が悠々と晴
天のなかを漂い始め、気持ちまでのびのびとしてきた。

　　凧揚げ合戦を終えて、浅野さんと二人で近くの喫茶店へ
入り、お茶をいただきながら凧の歴史についておしゃべりし

た。浅野さんは小学校の教師で、中国の歴史と文化に詳し
い。凧の文化的起源は中国にあり、唐代に遣唐使によって日
本にもたらされた。その後江戸時代に至って民間で流行した
という。早期には長方形もしくは半円形で何も装飾はなかっ
たが、明治時代になると浮世絵風の装飾が施されるようにな
り、日本凧独特の風格として、芸術的価値が高まった。

　中国では、漢の大将軍韓信が凧を使って測量をしたとい
う。武帝の時代の凧を使った通信は未成功に終わった。南
北朝時代には、凧を背負って高所から飛ぶことが試みられ
たが失敗したという記録がある。唐に至り、敵に取り囲ま
れた将軍が凧を使って援軍を求めることに成功した。これ
らの記録から見て、中国の凧は少なくとも 2,000 年の歴史
があるだろう。

　私の父が語ったところによると、唐の時代に凧はおも
ちゃになったのだという。晩唐の頃、凧は絹糸、もしくは
鳴らすと音が出る竹笛を付けて揚げられ、風で鳴ることか
ら、中国語では「凧箏」(風の琴) と呼ばれるようになった。
宋時代には凧は大きく発展し、種類も増え、性能も向上し、
人々の生活と深い関係があった。明時代の画家、徐渭は凧
にちなんだ詩を多く残している。清の時代には、凧遊びは
更に盛んになり、玩具として相当に高いレベルにまで発達
した。凧は唐宋時代から、まずは朝鮮から日本やマレーシ
ア等の東南アジアの周辺諸国に広まり、その後、欧州やア
メリカに伝わった。

　他に浅野さんが凧の起源についても話してくれたなかで
最も印象深かったのは、「かぶり笠説」だ。笠は昔から雨と
暑さよけに用いる被りものだが、人類が魚や獣を取る狩猟生
活から耕作の生活に転じたときに使い始めたもので、特に熱
帯亜熱帯では欠かせないものだった。古代の笠の製造法は簡

単なもので、笠を編むための材料も地に落ちているもの、多くは柔らかい樹皮の繊維を使っていた。ある農夫が畑を耕しているときに強い風に吹かれ、彼の笠が宙に舞った。農夫は急いで飛んでいく笠を追いかけたが、何とか掴み取ったのは、笠の編み縄だった。つかんだ編み縄の先にある笠は空を飛んでいるように見えた。農夫はこの様子を見て面白いと感じ、他の農夫に笠を揚げてみせるようになり、これが凧揚げの始まりだという。

　その後私が調べたところによると、古代には凧は軍事上の偵察の道具として以外にも、測量や、人を載せたという記録がある。南北朝時代には、救助を求める道具となっていた。漢時代、漢の韓信は大きな凧を作らせ、それに音の鳴る竹や弓の弦を載せて、夜間楚軍の陣上に飛ばし、奇怪な音で敵を恐れさせた。唐代には軍事目的以外に娯楽用途で使われるようになり、宮中に凧揚げが伝わった。宋代には凧揚げは体を鍛えるために用いられた。清明節に庶民は凧を高く空に揚げ、その後揚げ糸を切ることで、凧に一年間の不運、不浄をのせて飛ばす習慣があった。明代には、暗殺目的で爆薬を載せた凧を敵陣内で爆発させるといった使われ方もあった。現代中国では、凧揚げは大衆的な娯楽活動、体育活動であり、四季を問わず公園や広場でさまざまな凧が空を舞っているのを見ることができる。

　凧は唐時代に日本に伝わってから、江戸時代前期までは貴族や武士階級だけが楽しむものだったが、江戸時代後期以降、階級や身分、年齢に関わらず楽しめる活動として全国に普及し、特に新年の凧揚げは冬の子供たちの遊びとして定着した。全国各地で凧揚げ大会が開催され、それぞれに豊穣祈願、厄除け、子供の成長等の意味が込められている。各地方独特の郷土凧があり、いかの形をしたものや金銀の装飾を施

凧　文化を代々につなぐ一本の糸

した豪華なもの等さまざまだ。明治以降、徐々に整備された電線に凧の糸がひっかかることから、凧揚げはやや下火になったが、それでも愛好団体の活動には影響はなく、現在でも凧揚げ競争は盛んだ。凧を揚げながらどちらが相手の凧をひっかけ邪魔をするか、どちらが相手の揚げ糸を切ることができるかを競い、最後まで空に残って飛んでいる凧が勝ちだ。これらの競技性の高い凧揚げ大会の起源は子供の誕生や成長を祝うものであることが多い。

今回の凧揚げ体験を通して、私は清時代の高鼎の詩「若草が芽吹き、鶯が姿を現す早春二月、水辺の柳の枝は春の霞に酔ったように風にゆらゆらと揺れる。早く勉強を終えた子供らは風に誘われ凧を揚げ始める」を思い出した。詩の世界では一千年にわたり、空を舞う凧の描写と賛美があり、今日でも凧を作ること、揚げることは人々の愛好の的だ。凧の揚げ糸は、日中の友好をつなぐものでもあり、時代がどう変わり、文化がどのように伝承されても、人々が美しく豊かな生活を指向し、子供の幸せを願う心はずっと変わらない。

沿着《故宫的记忆》，寻找音乐的契合

陶延妍

故宫——一座古老而又神秘、恢宏而又沧桑的宫城。它的磅礴，它的秀美，即便是拥有几千年丰厚底蕴的汉语，都难以描述它真正的韵味。于是，一批又一批的国外人士，不惜飘洋过海，推开这扇神秘的大门，通过镜头，将它推向电视屏幕。我也曾欣赏过几档国外介绍故宫的纪录片，有介绍建筑结构的，有介绍珍宝的，更有讲述故事的，但不知为何，总会有一种违和感。难道中国的故宫，真的只有中国人才能够讲述吗？直到偶然看到《故宫的至宝》这个节目，我才真正感受到了外国人眼中的故宫。

这部由日本 NHK 电视台制作的纪录片，介绍了故宫所藏文物、书画、皇帝藏宝等中华瑰宝。而此中最震撼我的，不是那些极致精美的藏品，而是它的配乐——《故宫的记忆》。当你闲坐于椅，手捧茶香，听着这大气浩荡的音乐，就仿佛双手缓缓推开了那座神秘宫殿的大门，迈入了故宫的世界。而那跌宕起伏的音符，犹如一幅史诗级的画卷，带你置身于那浩瀚的长河，金戈铁马、皇族瑰丽就萦绕在你的眼前。心中不禁赞叹，这就是故宫，这才是属于故宫的音符。

狭隘如我，本以为这样荡气回肠的配乐只能出自最懂中国的中国人之手，但却不知，这竟是日本本土享誉全球的音乐团体——神思者的作品。他们巧夺天工地将缶、鼓、编钟等中

国古代皇室乐器与西洋乐器相结合，既空灵又浑厚，将壮丽跌宕、洗尽铅华的中华文明之足迹展现于世人。

而日本不仅有《故宫的记忆》，更有音乐大师喜多郎为中日合拍的电视纪录片《丝绸之路》创作的极具中国韵味的配乐《丝绸之路》。

细细探究，中日文化一衣带水，在音乐上自然也有着千丝万缕的渊源。而最有代表性的，应该是日本的"雅乐"了。日本的雅乐起源于中国唐朝的"燕乐"，是日本兴盛于平安时代的一种宫廷音乐，也是现存于世界最古老的音乐形式之一。而演奏雅乐的乐器中，笙、琵琶、筝，都是中国汉民族的传统乐器；筚篥，是中国西域少数民族乐器；而太鼓则是源自日本的本土乐器。这样的乐器组合，也足见雅乐起源之复杂。雅乐的曲目中，既有日本原创的国风歌舞，也有中国等周边国家传入的外来歌舞，但现今较为知名的，多是来自中国的唐乐，例如日本很知名的《越天乐》及中国人熟知的《兰陵王入阵曲》。20世纪90年代，日本的雅乐乐团还曾受邀到中国来演奏，深受业内爱好者的喜爱。

诚然，身处现代社会快节奏的我们很难领略"雅乐"这种小众文化的美，那就走进《故宫的记忆》吧，走进日本人眼中的故宫。中国可以把盛唐时期的音符飘洋过海传入日本，日本也可以用恢宏的乐章演奏故宫。确如一句话所说，"音乐无国界，文化无国界"。

『故宮の記憶』に音楽の出会いを見る

陶延妍

　　故宮は、古い歴史と神秘に満ち、広大ななかに幾多の変遷を経験した宮殿だ。故宮が持つ気迫と美しさは、言語として数千年の蓄積と豊かさを持つ中国語を以てしても描写し難い。これまで外国人は、何度もこの神秘に満ちた宮殿の門を開け、カメラを回し、テレビ番組の主題に仕立てた。私自身も何度か海外制作の故宮ドキュメンタリーを見たことがある。あるものは建築の紹介であり、あるものは宝物の紹介であり、また別のものは故宮にまつわるエピソードを主題としていた。しかしなぜかどれも見終わって少しばかりの違和感を感じさせた。中国のものである故宮は、中国人にしか語れないのだろうか？今回偶然この番組を目にし、外国人から見た故宮がどのようなものであるかを真に体験できたように思う。

　　『故宮の至宝』は日本のＮＨＫ制作のドキュメンタリーで中国五千年の文物書画等、皇帝秘蔵の中華文明の宝物を紹介している。このなかで私が最も驚いたのは、数多くの精美な館蔵品ではなく、そのバックに流れる『故宮の記憶』と題する音楽だった。香り高い茶とともに椅子に腰をおろし、この音楽を耳にすると、故宮の門が開かれ、体も心も宮殿の内側世界に踏み込んで行くような心持がした。抑揚

に満ちたメロディーは叙事詩を描いた絵巻のようで、水を湛えた大河が果てしなく流れていくように、幾多の戦いや皇族たちの栄華が目の前で繰り広げられるように感じられ、心中、感嘆を禁じ得なかった。まさにこれが故宮であり、故宮を表現するメロディーだと。

　うかつにも、このような音楽は中国がわかる中国人にしか作れないと思ったが、これは日本が世界に誇る音楽ユニット、センスの作品であることが分かった。彼らは缶と呼ばれる中国の古代楽器や鼓、編鐘と西洋楽器を組み合わせ、変化に富みながらも重厚で、壮麗かつ抑揚のある音楽を作りだし、聞く人に世俗を洗い落した中華文明の歩みを感じさせている。

　日本にはこの『故宮の記憶』以外にも音楽家喜太郎が日中合同ドキュメンタリー『シルクロード』のために作曲した同名曲があり、こちらも中国色にあふれている。

　一衣帯水の日中文化においては、音楽の起源も当然数多くの要素がからみあっている。しかし、代表的なのは日本の雅楽の由来であろう。雅楽は中国唐時代の燕楽が起源であり、平安時代に宮廷音楽として盛んになり、世界に現存する最も古い音楽形式とされている。雅楽の楽器のうち、笙、琵琶、琴は中国漢民族の、篳篥（ひちりき）は西域の少数民族の楽器で、太鼓は日本古来のものだ。雅楽の曲目のなかには日本古来の曲もあれば、中国や周辺国家から取入れられた曲もある。現在有名な曲には中国の唐楽由来のものも多く、たとえば雅楽『越天楽（えてんらく）』は中国人の多くが知る『蘭陵王入陣曲』だ。1990年代に日本の雅楽団が中国に招聘された際にはこの曲目がよく演奏され、中国国内でも好まれるようになった。

　現代社会はせわしなく、雅楽のような希少な文化の美

を味わうことは難しいが、『故宮の記憶』を聞けば、日本人が捉える故宮を体験することができる。盛唐時代の中国は、音楽のかたちで海を渡って日本に伝わり、それから数千年ののち、日本が堂々たるメロディーで故宮を表現している。これこそ、音楽に国境はなく、文化に国境はないことの証明だ。

『故宮の記憶』に音楽の出会いを見る

日本文学中的盛唐情愫

吴　敏

　　2017 年年末，一部由著名导演陈凯歌执导的中日合作电影《妖猫传》风靡一时，这部电影改编自日本著名奇幻小说家梦枕貘的《沙门空海之大唐鬼宴》，吸引眼球的不仅有强大的创作班底，影片整体的效果也非常好，把观众带回大唐盛世的迷梦中。

　　影片中的主人公空海法师和白居易以及剧中人物玄宗、杨贵妃、阿倍仲麻吕都是真实存在的中日历史人物。对应盛唐的是日本历史上的平安时代，那一时期也是遣唐使派遣的高峰期。其实这已经不是梦枕貘先生第一次写这个时期内容的作品了。早在 20 世纪 90 年代他开始创作的《阴阳师》系列小说就是描写平安时代著名阴阳师安倍晴明的作品，而阴阳师这个职业正是从中国古代的阴阳五行学说发展而来，带有天文学、方士家和风水学的浓厚色彩。我通读过这个系列，也看了一些作者关于创作的访谈，他说到很多的灵感来源于日本的古典文学作品如《今昔物语》和《源氏物语》等。这两部文学作品可并称日本古典文学的代表，前者是一个短篇故事集，后者是日本历史上也是世界上第一本长篇小说。《今昔物语》分为《天竺》《震旦》《本朝》三大部分，其中《震旦》部多来自中国典籍和志怪小说等。试着读了其中的几个故事，发现跟唐代传奇无论在内容上还是文风上都极其相似，都是记载当朝的奇闻异事或

双语趣谈中日文化　二ヶ国語の面白い中日文化

116

鬼怪神灵。这些小说大多短小精悍，只有一个故事的主干，文学性描写不多，也不带有太多道德说教的色彩，广泛反映了从王侯将相到市井小民的日常生活情态，内容包括佛教故事和世俗故事。可以说梦枕貘从《今昔物语》这样的古籍中汲取了源源不断的素材和灵感，用自己的生花妙笔演绎成了现代日本人欣赏的流行奇幻小说，在他的作品中屡屡可以看见对盛唐的推崇和欣赏。

再追溯到古代日本第一本长篇小说《源氏物语》，它创作于 11 世纪初，描写了平安时代贵族们的优雅生活和审美情趣，从中显而易见当时上流阶层对盛唐文化的憧憬和喜爱。作者紫式部据说是一个中国文化的深度爱好者，《源氏物语》中提及的中国古代典籍就有《白乐天诗集》《史记》《楚辞》《庄子》《老子》《论语》等二十多种，直接间接引用的次数更是多达两百多次。其中引用最多的要数白居易的《长恨歌》了，并将主人公光源氏的母亲桐壶更衣比作大唐杨贵妃一般的绝世佳人，就连最后香消玉殒也拿来跟杨贵妃对比。所以说《源氏物语》在主题上打上了《长恨歌》的烙印，在日本文学中留下深刻的影响。在平安时代，学汉文赋汉诗作为个人最高尚的修养和爱好得到贵族阶层的推崇。白居易打败李、杜两位大诗人成为最受日本人喜爱的唐朝诗人，《长恨歌》更是在日本流传甚广，可谓是盛唐文化最好的宣传。即便是今日，在街头随机问一个日本人"你所知道的中国历史上的著名美人是谁"，恐怕绝大多数人会回答杨贵妃吧。日本人心中的世界三大美人之一就有杨贵妃，足以证明杨贵妃作为盛唐的一个文化符号对日本古典文化和审美心理影响之深远。老一辈中国人都认识的日本著名影星山口百惠曾在一次媒体采访时宣称自己是杨贵妃的后裔。看来不仅是唐玄宗舍不得她死，怀有盛唐情愫的日本人也不愿意相信杨贵妃是死于非命。据考证，山口百惠确实祖上有中国人的血统，族谱可以追溯到中国浙江省三门，但是否真是杨贵妃

的后裔还有待进一步考证。

　　如此看来，延绵至今的日本人的盛唐情愫，依靠的是唐朝时期强大的国力和兼容并蓄的文化意识。走在"一带一路"发展道路上的新中国，未来将为世界带来什么影响取决于国力和对文化软实力的打造。

盛唐文化の日本文学への影響

呉　敏

　　2017 年の末、陳凱歌が監督した日中合作映画『妖猫伝』（邦題『空海―KU-KAI―』）が流行した。この映画は日本の有名なＳＦ作家夢枕獏の『沙門空海唐の国にて鬼と宴す』が原作だが、豪華な制作メンバーの顔ぶれのみならず、映画の技術効果も素晴らしく、観る者を繁栄まっただなかの盛唐時代に引き込んだ。

　　映画の主人公は空海と白居易だが、玄宗皇帝や楊貴妃、阿倍仲麻呂など、他の登場人物もみな実在する歴史上の人物だ。盛唐時代はちょうど日本の平安時代で遣唐使がさかんに遣わされた時代でもある。作家夢枕獏は他にも平安時代を舞台にした作品を書いており、90 年代初めにスタートした『陰陽師』シリーズはまさにこの平安朝の安倍晴明を描いたものだ。陰陽師は、中国古代の陰陽五行説から発展し天文学、祈祷師、風水師の色彩が濃厚な職業だ。私はこの陰陽師シリーズを通読し、夢枕獏のインタビュー記事も読んだが、彼は創作のインスピレーションを『今昔物語』や『源氏物語』のような日本の古典から得ていると述べている。この二作品は日本古典文学の代表ともいえるもので、前者は短編物語集、後者は日本史上もしくは世界史上最初の長編小説だ。今昔物語は『天竺』『震旦』『本朝』の三部分に分かれており、そのう

ち『震旦』には、中国典籍由来の怪奇物語が多く収められている。そのなかのいくつかを読んでみると、唐代の伝奇小説と内容や雰囲気がとてもよく似ている。みな当時の奇聞異聞や幽霊妖怪、化け物神霊のたぐいの話だ。話はひとつひとつは短いがいきいきとして、物語の中心がはっきりとしており、文学的な描写も少なく、道徳的倫理的な色彩もない。王侯貴族から庶民までの日常生活を広く反映しており、仏教説話も俗世の物語も含んでいる。夢枕獏はこのような古典から創作の素材と霊感を絶えず得て、その文才によって現代日本人の鑑賞に足るＳＦ小説を紡ぎだしていると言えよう。彼の作品には盛唐に対する崇敬と親しみが感じられる。

　さらにさかのぼって日本の最初の長編小説である『源氏物語』は、十一世紀初めに書かれ、平安期の貴族の優雅な生活とその美意識を描いているが、そのなかでも当時の上流階級の盛唐文化に対する憧憬と愛好が見てとれる。作者紫式部は中国文化に精通しており、『源氏物語』中に出てくる中国古代典籍は、『白楽天詩集』『史記』『楚辞』『荘子』『老子』『論語』等々二十種類以上にも及び、直接間接に引用されている例は二百以上もある。その中で最も多く引用されているのは白居易の『長恨歌』で、主人公光源氏の義母、桐壺更衣は唐の楊貴妃の如き絶世の佳人とされており、その死も楊貴妃の最期と比較されて描かれている。『源氏物語』には『長恨歌』の消し難い痕跡があり、日本文学に与えた影響は大きい。平安時代、漢文を学び、漢詩を作ることは最も高い教養とたしなみとして、貴族階級で尊敬された。白居易は李白と杜甫を超えて日本人が最も好む唐時代の詩人だが、『長恨歌』は日本中にあまねく広まり、盛唐文化の宣伝の役割を果たした。こんにちに至るも街を行く日本人に「中国史上で最も有名な美人は誰か」と聞けば、おそらく大部分の人は楊貴妃と答え

るだろう。日本人にとって世界三大美人の一人が楊貴妃であるのは、盛唐の一つの文化的象徴である楊貴妃が日本の古典文化と審美感の奥深くに影響しているということだろう。一世代前の中国人がみんな知っていた日本のスター山口百恵は、あるときメディアの取材を受け、自分は楊貴妃の末裔だと語った。見たところ玄宗皇帝は彼女を死なせるに忍びないであろうし、盛唐時代に憧れをもつ日本人も楊貴妃が非業の死を遂げたというのは信じたくないことだろう。山口百恵は実際に中国人の血が入っており、先祖の痕跡を浙江省三門にたどれるという。しかし楊貴妃の末裔かどうかはさらに考証が必要だろう。

　現代に至るまで見られる日本人の盛唐に対する親近感は、当時の唐の強大な国力と、異文化を受容性し取り込む日本人の国民性によるものだろう。「一帯一路」を旗印に進む現代中国は、今後国力と文化的ソフトパワーで、世界に対し、どのような影響を残せるのだろうか？

《那山那人那狗》，日本人在寻找逐渐消失的亲情羁绊

孙　瑶

　　若干年前去日本留学时，某日去邮局寄送礼物给朋友，却看到邮局内墙上张贴着一张中国电影的海报，名字是《山の郵便配達》，主演是熟悉的国内某演员，同去的日本朋友好奇地向我打听电影的相关信息，我尴尬地告诉他我并没有听说过这部电影。之后课堂上一位五十多岁的日本老师和我谈起中国电影时，再次向我推荐了这部电影，他说这部电影在日本上映时一度引起了很大的轰动，获得了很多大奖，这也是他看过最感人的中国电影之一，秀丽的山间风景，浓浓的父子深情，都让他为之动容，他反复提到了一个日语词"绊"，通过电影他再次感受到了父子之间、人与人之间、人与自然之间的"绊"。他强调这是一部值得细细品味的电影，并且把电影光盘借给了我，在老师的推荐下我利用一个周末的下午看完了这部电影，也渐渐明白了老师说的"绊"。

　　这部电影的中文名字叫《那山那人那狗》，是 1999 年霍建起导演，滕汝骏、刘烨、陈好主演的一部中国为数不多的反映邮政题材的电影故事片之一。电影故事并不复杂，改编自当代作家彭见明的小说《那山那人那狗》，讲述了一个发生于 20 世纪 80 年代间中国湖南西南部绥宁乡间邮路上的故事：即将退休的乡邮员父亲带着第一天接班当乡邮员的儿子走那

条自己已走了二十多年的邮路，父亲、儿子和狗相伴走了这趟三天两夜的山区邮路，一路跋山涉水，父子的短暂独处却改变了原来的微妙亲情关系，二人也从陌生、隔膜走向体贴、理解，儿子终于明白了父亲一生的甘苦和一个普通乡村邮递员默默无闻的风雨人生。

这部电影在日本同时获得 2001 年度"日本电影笔会"最佳外国影片第一名、"日本电影艺术奖"最佳外国电影奖、"每日电影奖"最佳外国影片第一等多个大奖。自 2001 年 4 月在日本上映以来，据不完全统计，观众累计达 30 多万人，票房超过 8 亿日元。在电影的推动作用下，原著小说及其他六个短篇小说在内的日文版彭见明小说合集《那山那人那狗》在日本发行近 14 万册。不少看过该片的日本人开始学习中文，日本关西地区的电影民间团体纷纷要求和剧组进行座谈。日本的一些政府机构和个别党派则把该片作为教育片要求下属职员观看，邮政事业厅的工作室外墙上甚至贴着这部片子的海报。

为什么这样一部优秀的电影在国内知名度甚至不如日本？很多像我一样的观众都是在这部电影获奖后才关注到这部被埋没的优秀电影。原来这部电影在 1999 年拍竣，并获当年金鸡奖最佳电影奖和最佳男主角奖。然而 2000 年前国内电影市场并不成熟，缺少完善的发行体系，这部由潇湘电影制片厂和北京电影制片厂联合摄制的小成本电影，像不少国产电影一样，一出生就被卖给了电影频道，院线则无人问津。转机出现在 2000 年 1 月，一位日本的老发行人深泽一夫偶然看了这部影片并深受触动，表示愿意为这部片子做日本的发行工作。深泽一夫很快联络了岩波影院（日本最著名的艺术影院）、东宝东和发行公司，并得到了日本《电影旬报》（日本的权威电影杂志）总编辑植草信和的支持，《那山那人那狗》在异常周密的部署之下开始了它的日本之旅。

《那山那人那狗》：日本人在寻找逐渐消失的亲情羁绊

上映前，发行方做了足足一年的推广发行前期铺垫工作，包括搜集有关这部电影的所有资料，连一个配角的生日也没落下；《电影旬报》专门印制了精美的小册子；而岩波影院还从原作者彭见明手中买下了六个短篇的版权，与《那山那人那狗》一起出了一本日文版彭见明小说合集。为了便于这部影片的推广发行，日本方面还邀请霍建起导演和编剧思芜女士参加东京电影节，并在电影正式上映前期邀请霍建起赴日本参与该片公映前的宣传。

2001 年 4 月 7 日，《那山那人那狗》正式在岩波影院上映。作为艺术影院，它的上映方式跟主流电影铺天盖地的全面上映完全不同，它采用的是细水长流式，在一间一百多个座位的小厅中，这部电影被安排了半年的档期，也就是说，在半年时间内，这部影片将在这个厅中循环放映。由于反响热烈，除了东京的岩波影院外，大阪、神户、京都都开始放映这部影片，一直到 2001 年年底这部影片持续上映，甚至不少边远地区要求加映。可见日本观众对这部电影的认可度。

那日本人为什么如此喜欢这部片子？这可能和日本当时的经济社会环境有关。2001 年前后，日本处于泡沫经济崩溃后的"迷失的十年"期，长期经济不景气，市场低迷，日本社会重物质、高压力、快节奏的生活使得社会压抑、人情淡薄，于是，描写自然亲情、纯朴民风的电影满足了日本观众对这些东西的渴望，特别能够引起观众的共鸣。正如我接触的日本老师反复向我提到的"绊"，"绊"的中文意思是"纽带""羁绊"，它的日语解释是"对家人、友人的关系能够起紧密连接作用的人或物"。而电影中虽然情节冲突不明显，但是每幅画面都在深深地印刻着父亲与儿子的羁绊、父亲与山里乡民的羁绊、人与自然的羁绊、人与动物的羁绊等等。其中最打动日本人的是片中父子的羁绊。

《日本经济新闻》专栏作家池内纪评价：这是一部十分质

朴的影片，人们不仅欣赏到南方乡村美丽的绿色风景，还能体会到长久以来在日本丧失的父子亲情，而这种父子亲情恰好是日本最为缺乏的。

日本教育学家川井秀评价：该片除了画面漂亮、音乐优美外，中国乡村中普通父子的真实情感与日本当代社会家庭观念淡薄形成了鲜明对比，日本青少年的社会问题与他们得不到家庭的温暖有直接关系，影片的主题引起人们对日本一系列社会问题的思索。

日本作家山口正介表示：看了这个片子让我回忆起童年。并且这个影片里的家族构成和我们家一样，为事业奔波的父亲以及母亲和孩子……

此外，日本人对自然之美敏锐的感觉，也使他们能更迅速和准确地捕捉到中国电影所传达的视觉美。受到欢迎的中国电影无不是画面和谐、拍摄手法精致，细节处理上运用了许多只有亚洲人才能体会和欣赏的细致手法。

2019 年距离该片面世已经过去二十年了，中国的电影市场也逐渐走向成熟，越来越多像《那山那人那狗》一样的优秀文艺电影也能够在电影院与观众见面。希望今后能有更多优秀的中国影片能够走进日本，让日本观众从不同角度加强对中国的了解。

《那山那人那狗》，日本人在寻找逐渐消失的亲情羁绊

『山の郵便配達』と日本人

孫　瑤

　　以前日本に留学していたとき、郵便局で中国映画『山の郵便配達』のポスターを目にした。一緒にいた日本人の友人はこの映画について私にいろいろ聞いてきたが、私は主演俳優は知っているが映画については知らないと答えるしかなかった。その後、学校で先生と中国の映画について話をしたとき、先生はこの『山の郵便配達』を絶賛した。先生によればこの映画は日本で公開された際にセンセーションを巻き起こし、たくさんの映画賞を受賞したという。先生自身が見た中国映画で最も感動した作品の一つでもあり、美しい山の風景、親子間の情愛、全てが先生の心を動かしたという。この 50 代の先生が何度も繰り返したのは日本語の「絆」という言葉だった。映画を見てあらためて父と子の絆、人と人の絆、人と自然の間の絆、に思い至ったと言う。先生は、これは細部までよく鑑賞すべき作品だと言って、この映画の DVDまで貸してくれた。私は週末の午後を使って『山の郵便配達』を見て、先生の言う「絆」の意味を理解した。

　　この『山の郵便配達』(中国名『那山那人那狗』は、1999年の製作で監督は霍建起が監督、滕汝駿、劉燁、陳好が主演し、郵便配達を題材とした中国ではやや異色の映画だ。物語はシンプルで、現代作家彭見明の同名小説をもとに 1980 年

双语趣谈中日文化　二ヶ国語の面白い中日文化

代の湖南省西南部綏寧郷での郵便配達の様子を描写している。定年退職間近の郵便配達員の父親が、同じ仕事を始める息子と犬一匹を伴って、20年以上通い続けた配達ルートを歩く。二泊三日の道のりには山があり河があり、父子の時間がそれまでの二人の間のよそよそしかった微妙な関係を変えていき、息子は父親の人生の苦楽、平凡な郵便配達員の世に知られることのない艱難辛苦の人生を理解していく。

　この映画は2001年の日本ペンクラブ映画賞、日本映画芸術賞、毎日映画賞等の外国映画部門の最優秀賞を受賞した。2001年4月の日本上映開始以来、観客は累計30万人以上、チケット売上高は8億円以上にのぼったという。映画がブームとなったため、映画と同名の彭見明の短編小説集は日本で14万冊を売り上げた。映画の影響は広範囲にわたり、これを見て中国語を勉強し始めた日本人も少なくなく、関西地区の映画団体は映画製作グループとの座談会を企画したという。一部政府機関や政党もこの映画を推薦映画として、関係者に鑑賞を薦めたり、郵政省内部でもこの映画のポスターを掲示したりした。

　この映画を見終わって、私に二つの考えが浮かんだ。どうしてこのような良い映画が国内では日本ほど話題にならないのだろうか？私のような観衆はみな、映画が賞を受賞してからこのように埋もれた映画に気が付く。この映画はもともと1999年に撮影され、その年の金鶏賞（中国の権威ある映画賞）の最優秀賞と最優秀俳優賞を受賞している。しかし2000年以前、中国国内の映画市場は未成熟で映画配給制度も不完全であったため、潇湘映画製作廠と北京映画製作廠の合作によるこのローコスト作品は他の国内映画同様、製作されてすぐに映画販路に乗せられ、人に評価されることもなく忘れられかけていた。転機は2000年1月に訪れた。日本の

『山の郵便配達』と日本人

ベテランプロモーター深津一夫がこの映画を見て深く感動したことがきっかけだった。深津はまず、日本でもっとも有名な文芸映画館である岩波ホールと映画配給会社東宝東和に働きかけ、『キネマ旬報』の支持も取り付けたうえで、公開の一年前から周到に準備された『山の郵便配達』のプロモーションを展開した。

　出演俳優ひとりひとりの誕生日にも至るまで、この映画に関するあらゆる材料が集められ、『キネマ旬報』が映画の小冊子を発行した。岩波書店は原作の日本語版を売り出した。公開前の東京映画祭には、監督と脚本家が招かれたが、これは映画の宣伝にも役立った。

　2001年4月7日、『山の郵便配達』は岩波ホールで正式に上映開始された。岩波ホールは文芸映画館で、どこにでもある普通の映画館とは上映方法が異なり、100席余りのホールで、同じ映画が半年間のあいだ、一日何度も上映される。この映画は大きな反響を呼び、東京での上映は2001年年末まで続いたうえ、大阪、神戸、京都でも公開が始まった。

　この映画はなぜこんなにも熱烈に日本人に受け入れられたのだろうか？おそらくそれは、当時の日本の経済社会環境と関係があるだろう。2001年前後の日本はバブル経済崩壊後の「失われた10年」の時期にあたり、長期的な不景気と市場の低迷に苦しんでいた。物質指向、高ストレス、スピード重視の風潮により、抑圧的かつ人間関係の希薄な社会指向が強まっているところに、自然な情感と素朴な空間を撮ったこの映画が公開され、観衆は飢餓感を満たされ、大きな共感を引き起こすに至った。私の先生がたびたび使った「絆」という言葉は人やものと密接につながる、『山の郵便配達』のストーリーに大きな起伏はないが、どの場面にも父と子の絆、父と村々の住民たちとの絆、人と自然の絆、人と動物の絆が

描かれている。そのなかでも日本人は特に父と子の絆に大きく感動した。

　識者の本作品に対するコメントの例を挙げよう。池内紀（『日経新聞』コラム執筆者）：中国南方の緑に満ちた風景にのせた父子の情は、日本では既に消失してしまい、最も欠けているもの。

　川井秀（教育学者）：画面と音楽の美しさ以外に、中国の農村での平凡な父子間の関係性を現代日本と比較した場合の相違が際立つ。日本の青少年の社会問題は、家庭の暖かさが失われていることが直接の原因であり、この映画は日本の一連の問題を考えるきっかけとなるだろう。

　山口正介（作家）：この映画を見て自分の子ども時代を思い出した。映画のなかと同じく、仕事に打ち込む父親がいたことも。

　ほかに、日本人の自然美に対する感覚が、この映画が伝える視覚美を的確に捉えていることも考えられる。評価の高い中国映画はみなビジュアル的に調和がとれていて、撮影の技法も精緻であり、細部の処理に繊細なアジア人特有の手法が用いられる。

　この映画が作られてから20年が経った。中国の映画市場も成熟に向かっており、『山の郵便配達』のような素晴らしい文芸映画を中国国内の映画館で鑑賞できる機会も増えている。今後も良質な中国映画が多く日本に伝わることで日本の観衆が様々な角度から中国を理解するきっかけとなれば嬉しい。

『山の郵便配達』と日本人

数字里的中国文化

李健民

在中国文化中数字文化是特征之一，中国人对数字的基本观念是用天地阴阳来诠释的，在久远的古代，人们就把数字分成了阳数和阴数两大类，奇数为天为阳，偶数为地为阴。阳数中九为最高，五居正中，所以帝王的权威才会被称为"九五之尊"。这样的分类即使到了今时今日也依然被人们虔诚地遵循着，很多人对数字的喜恶就是以此为依据的。由此可见，传统文化对现代生活的指导和影响作用是不容小觑的。

[汉字"一"]

虽是最小数，含义却最大。

"一"也是万物产生的本源。道家认为：无，万物之始。无中生有，这个有就是一，一生二，二生三，三生万物。所以说，一就是万物的初始，一就是初。然后万物归一，一元复始。

汉字"一"是数目的开始。

汉字"一"也可以表示"初始"的意思。由于"一"是数目的开始，所以可以引申为初始。"一见如故""一挥而就"这些成语中的"一"都表示的是"起始""初始"之义。此外，在古人看来"一"既代表"阳"，也可以代表将阴与阳分开的界线，因此，"一"就是万物的起点，它自然可以表示开始的意思。"一"是开始，所以帝王初即位称为"一元"，初征为"一

征"，清晨为"一早"。

汉字"一"还可以表示"整体"的意思。"一碧万顷""一帆风顺""一无所有""一应俱全""一路平安""一表人才""一心一意""一腔热血"中的"一"都表示的是全部、整体的意思。

[汉字"二"]

"二"在造字之始是用来表示记数符号的。甲骨文中用长度相等的简单两横表示数字"二"，是由两个"一"构成的数字。"二"作基数时，表示数量有"二"；"二"作序数时，则表示"第二"。

汉字"二"有其哲学和美学意义。"二"是最小偶数，并由此引出"对"和"双"的概念。中国人一向重视和谐，把偶数当作吉利的数字，因偶数具有对称和谐的特点，所以，结婚送礼要送偶数而不送奇数的礼物，敬神的祭品也要摆上偶数的菜盘，迎亲嫁娶也要选择偶数的日子，以此作为良辰吉日。对称和谐理念在汉语中得到广泛的体现。例如"楹联"又叫"对联"，楹联从古典诗歌发展而来，讲求工整、对仗和平仄，显示的是一种整齐对称的形式美和抑扬顿挫的韵律美，写景状物还要有意境美，抒怀吟志还要有哲理美。

汉字"二"表示等级观念。中国历史悠久，文化灿烂，中国古代讲究"尊卑贵贱""长幼有序"，凡事都要分个三六九等，凡事都要按等级区别对待。官员等级分一品、二品、三品……，其权力和俸禄因级别高低而不同。科举考试要排出个名次，第一名为状元，第二名为榜眼，第三名为探花。在这种等级观念浓厚的社会环境中，人们都追求备受尊重和优待的"第一"，把"第一"当作自己的奋斗目标、前进方向，"第二"就意味着是"次等""有缺陷""不完美"，甚至带有贬义色彩。所以，若遇到一些智慧不足、办事鲁莽、游手好闲、不务正业

的人，人们因其行为劣于正常人的聪慧与稳重，而责骂其"二杆子""二愣子""二流子""二混子"等。显然，这些带"二"的词的产生是等级观念在人们生活交际中的映射。

汉字"二"还引申为不忠贞、不专一、不一致。"忠"是重要的伦理道德准则，"贞"指贞节、节烈行为。妇女事夫要忠贞不二，为夫守贞是中国古代妇女必须遵守的为妻之道。匹夫好汉要尽忠报国，这是中国人的最高道德追求。

[汉字"三"]

"三"在中国传统文化中，所代表数字概念是次要的，主要的是体现天、地、人这个概念。天、地就是人类生活的广阔空间与环境，就是自然，再加上人，这个"三"便成了人与自然的统称。所以，"三"在一定程度上体现了中国人"天人合一"的思想，是自然、和谐的基本。

汉字"三"表示数目。"三"在造字的时候表示的是一个确定的数字。如"岁寒三友"是指松、竹、梅三种植物。

汉字"三"代表"少""小"。如"三寸金莲""三言两语""三杯两盏"等等。那是因为"三"毕竟是个"数"，在最基本的十个汉字数字中，"三"偏于"少"的一方。

汉字"三"代表"众多""长久"之意。"三"表示时间长、数量多、日子久的意思，例如"三令五申""狡兔三窟""三缄其口"。除此之外，在"三省吾身""事不过三""三生有幸"等成语中，"三"泛指"多"。

汉字"三"还表达着种种互有关联但又不尽相同的含义。如在"三亲六故""三教九流"中，它强调的是各种各样、互不相同的意思；在"三思而行""三番五次"中，它强调的是不止一次、反复重复的意思；在"三心二意""朝三暮四"中，它又强调不专一、有变化的意思。

双语趣谈中日文化　二ヶ国語の面白い中日文化

[汉字 "四"]

易学中，先天八卦中的"四"对应震卦，蕴含着积极向上、奋进、茂盛等意向；后天八卦中"四"对应巽卦，蕴含着自由、活泼、昌盛等意。

汉字"四"代表周围世界。如四方、四极、四邻、四海、四面。

汉字"四"体现对称美。"四"的数量概念在汉语中最突出的体现是四字语的大量存在，汉诗鼻祖《诗经》即以四言为主，汉字成语以四字成语为主。四字结构本身蕴含着美学内涵。

"四"象征完整、对称、和谐等，自古是个吉数。中国传统美学以对称、完整等为美，"四合院"体现了和谐对称，"四海"指代整个世界，"四世同堂"形容一个家庭兴旺的最高境界，"四通八达"中将对称、完整之美综合在一起，从语言内容到文字形式无不闪耀着"四"之美。方块汉字，四四方方的笔画结构，讲究上下、左右、里外对称，读音分四声，同样注重对称和谐之美。

一方面，中国人在读"四"时，往往认为与"死"谐音，因此是一个不吉利的数字。另一方面，数字"四"也被人称为吉祥数，音乐发音序列"四"即为"fa"，而"fa"有繁荣、富足之意。

[汉字 "五"]

汉字"五"，表示吉祥的意义。如在民间俗语中就有五谷丰登、福来是五的说法。

汉字"五"体现完美存在的状态。中国古代就将人的肢体与器官归纳为五官、五脏、五体等带"五"的名称。五官指人的眉、目、鼻、口、耳。五脏指人的心、肝、脾、肺、肾。五

体指人的头与四肢合称。

中国古代称"福、禄、寿、禧、财"为五福。正因"五"相对于人体与某些生物体来说，代表着完整、健康与强健，同它相联系的是劳动收获的丰盛与日常生活美满，所以它成了人类审美上的价值取向，获得了圆满、美好、吉祥的意义。

汉字"五"体现对立统一。古人在长期的生产劳动中，每天看太阳从东方升起，向西方落去，逐渐产生方向感和空间方位的划分。他们依据自己所在位置，将大地划分为东南西北中五个方向和方位。数字"五"体现空间位置广大无边、对立统一、相依共存的结构律。

汉字"五"体现同性同类物象群和稳定的社会组织活动方式。人作为高等动物，随着生产领域的拓展，接触到的自然物象愈来愈多，会产生迥异于其他任何生物体的生命体验，这种体验的结果之一，是将生产生活中产生深刻印象的物象，用数字形式加以归纳。

如中国古人将肉眼可以看到的太阳系中周期性运行的五颗亮星金、木、水、火、土集合为五行，将从自然界中提炼出来的金、银、铜、铁、锡集合为五金，将生产中获得并赖以生存的粮食作物黍、稷、粟、麦、稻集合为五谷，将花椒、八角、桂皮、丁香、茴香等调味集合为五香，将食物滋味中的酸、辛、甘、苦、咸集合为五味，将古人常见而又畏惧的蛇、蝎、蜈蚣、壁虎、蟾蜍集合为五毒，将琴瑟、笙竽、鼓、钟、磬集合为五乐，将儒家传世古籍《诗》《尚书》《礼》《易》《春秋》集合为五经，佛教将大蒜、韭菜、薤、葱、兴渠五种有特别气味的蔬菜集合为五荤，将青、赤、黄、白、黑集合为五色，将度量衡计量方式的衡、规、矩、绳、准权集合为五则，古代户籍编制将五家集合为邻，军事编制将五士集合为伍。

以下说说汉字"五"获得社会历史学意义与同"五"相关事物名称的衍生。汉字"五"，在中国文化和生活里，是一个

应用很广的数字，很有文化价值和使用价值。五行（金木水火土）思想，可以说是统治了古代宇宙观的最根本理论。

史书记载，黄帝定阴阳建五行，"五"被赋予神圣的意义，以"五"为中心的文化模式是中国文化的重要标志。行政上，曾设"五官"，向君主进言有"五谏"，爵位分"五等"，还有五典、五礼、五服、五刑等。

道教有"五芽"（五行所生之气）、"五尸"（人体五脏产生的死气）。佛教有"五根""五障""五欲"。儒教有"五伦"（君臣、父子、兄弟、夫妇、朋友五种伦理关系）。

这一切都表明了"五"是最具中国文化特色的数字。

[汉字"六"]

六是中国的吉祥数字，有"六六大顺"之意。在中国人眼里，是个非常受欢迎、非常有价值、非常受重视的数字。"六"的使用非常广泛，民间往往取它顺利之意来图一个好彩头。在文化层面，中国的祖先喜好以"六"去主动归纳一些文化制度、典籍著作，"六"是较完备的礼制，因此中国有六合、六礼、六书、六艺等说法。

六合即上下天地和东南西北四方，泛指天地或宇宙。六书即古代分析汉字而归纳出的六种构字法，即指事、象形、形声、会意、转注、假借。六经即《诗》《书》《礼》《乐》《易》《春秋》。六礼即中国古代婚姻需备的六种礼节——纳采、问名、纳吉、纳征、请期、亲迎。六味即苦、酸、甘、辛、咸、淡等六种滋味。六料原指稻、黍、稷、粱、麦、菽六谷，后为各种谷物的泛称。六亲古指父、母、兄、弟、妻、子，泛指亲戚、亲人等。

[汉字"七"]

在中国传统文化的道教里，"七"是阴阳与五行之和，这

是道家所谓的"道"或"气"，也是儒家所说的"和"的理想状态，"七"与"善""美"都有着密切的联系，如七仙女、七情，在佛教故事中，佛祖一出生就能行走，向东南西北各走了七步，步步生莲花。

[汉字"八"]

《大戴礼记·本命》中提到"八者，维纲也"，从八个方位角度构成了我们生存的空间。出于对空间宇宙的崇拜，民间将"八"作为一个尊崇虔敬的数字，如八拜、八德、八宝等。现代生活中"八"代表着人们财运亨通的祈愿。"八"与"发"是谐音，在中国，有招财提运的含义，意味着繁荣、财富和地位，深受广大人民的喜爱。这种对数字的认识虽起源于南方，但现在这个观念在北方也很流行。

在中国的汉字词典里，八的含义也非常之广，它往往与方位、卦象、命理相联，是一个非常有价值的数字。八荒：最远之处。八字：用天干和地支表示一个人出生的年、月、日、时的八个字，算命者认为从生辰八个字可推算一个人的命运。八卦：远古中国的一套象征性符号，由三条长画或断画组成的八种图式，在中国和日本用于占卜和象征。八拜之交：古代世交子弟对长辈的礼节，后世将异姓结为兄弟亦称八拜。八斗才：旧时比喻高才。八行书：旧式信笺每页八行，因此代称信件。八仙：神话传说中道教八位神仙，即汉钟离、铁拐李、张果老、何仙姑、蓝采和、吕洞宾、韩湘子、曹国舅。

[汉字"九"]

九是中国文化中的最高级数，被历代皇帝所尊崇。我们的祖先于是用它来表示极致的含义，九重天、九万里、九层之台、九五之尊等都是此意。此外九与汉语"久"谐音，有永恒之意，有长长久久之意，故宫据传有 9999 间房间，除有空间

双语趣谈中日文化 二ヶ国語の面白い中日文化

极致的含义外，也寄托了明清两代帝王家愿江山社稷长长久久之念。

九鼎、九洲更成为家国天下权力的象征。历代皇帝爱九，他们穿九龙袍，造九龙壁，利用九与久的谐音来表达万岁、万寿无疆和天下永久的欲望。举世闻名的皇宫（故宫）就是一个九的王国。三大殿（太和殿、中和殿、保和殿）的高度都是九丈九尺；故宫内各宫、殿与大、小城门上金黄色的门钉，也都是横九排、竖九排，一共"九九八十一"颗；台阶的级数也是九或九的倍数；天坛、颐和园等皇帝所到之处，建筑也多以九为基数。不仅如此，他们还在中央统治集团内部设九卿，即九个官职，从秦汉到清朝，代代如此。我国民间对九也很偏爱，这表现在凡事用"九"作计量单位，数九便是一例，南朝梁代《荆楚岁时记》记载：俗用冬至日数及九九八十一日，为岁寒。此后，九九歌便开始在民间流传，这些九九歌巧妙地利用自然界的一些生态现象和天气征兆，反映冬季九九中的气候变化规律。到了明代出现了画九，清代又发展为写九，无论是数、画还是写，都是以九为标准数字，勾勒出冬季的天气变化情况等。

[汉字"十"]

汉字"十"在中国文化中象征着完美、齐全、极致，这一含义大约起于古代先民进一步想要表达极致的欲求，代表圆满，于是在九的基础上再上一层，以十来表达此意，如十全十美。乾隆帝曾自诩"十全老人"，也是借十的极致之意来点评自己的一生。当然，十作为汉语单音节自然数中最大的一个，也有表达多数之意，如十年寒窗、十恶不赦、十面埋伏等。

数字里的中国文化

137

数字にみる中国文化

李健民

　数字は中国文化の特徴の一つで、中国人の数字に対する感覚は天地陰陽思想にその起源がある。古代、人々は数字を陽数と陰数に大別し、奇数を天、陽、偶数を地、陰とした。陽数では九が最高であり、五は真ん中にある。そのため、帝王の権威は「九五之尊」と呼ばれた。このような数字に対する意識は今日の人々にも残っており、数字に対する好き嫌いの理由にもなっている。現代生活に対する伝統文化の影響は深い。

漢字「一」

　最も小さい数だが、その含意は最も大きい

　道家の考え方では、一は万物が生じる源である。無は万物の始まりで、無の中から有が生まれる。有とはすなわち一であり、一が二になり、二が三になり、三が万になる。そのため、一は万物の最初の形であり、一がすなわち初めなのだ。万はまた、最後に一になる。一に戻って最初から繰り返す。

　一は数えの最初の文字である。

　漢字「一」は「始まり」の意味もある。

　"一見如故"（初対面で旧友のように親しむ）

　"一挥而就"（物事がたやすく成功する）

このような場合の「一」は開始、始まりの意味だ。

また、古の人々は「一」を陽数、陽と陰を分ける境界と考えていたため、「一」は万物の起点であり、始まりの意味にも用いられた。帝王の即位は「一元」、最初の遠征は「一征」、早朝は「一早」

「一」は、「全部」の意味もある。

"一碧万顷"（海面が広々としている）

"一帆风顺"（ものごとが順調に進む）

"一无所有"（何も持っていない）

"一应俱全"（全てが揃っている）

"一路平安"（旅路が安全である）

"一表人才"（才能がある人）

"一心一意"（専心、一途である）

"一腔热血"（満腔の熱血）

これらの「一」は、「全て」、「全体」の意味だ。

漢字「二」

「二」の字は、最初は記号としてできた。甲骨文での「二」は二つの「一」を合わせて、長さがほぼ同じ2本の横線でできた数字だ。二は基数としては2の意味であり、序数としては「第二」の意味だ。

「二」の哲学的美学的意味

「二」は最も小さな偶数であることから「対」や「双」の概念を持つ。中国人は常に調和を重視することから、偶数を縁起の良い数字と考えており、結婚には奇数でなく偶数のものを送り、神様への供え物も複数の皿を並べ、

嫁を取るには偶数の日付を選ぶ。対称と調和を重んじる意識は中国語のなかに広く認めることができる。例えば、家の外の左右の柱に掛ける対聯は、古典詩歌から発展したもの

だが、左右が対句、平仄になっており、整然とした対称の形式美、抑揚と韻が揃った美しさ、さらには事物の描写にも情趣が求められ奥が深い。

「二」が表す等級

古代中国では身分制があり、年長者を重んじた。官僚も分けられた等級により俸給が異なった。科挙試験でも最終順位が決められ、一等は状元、二等は榜眼、三等は探花と呼ばれた。このように等級に対する概念が濃厚な社会環境では、人々は「第一」を重んじ、「第二」に次席、欠陥、不完全等という貶めの意味を持たせるに至った。そのため、智慧が足りなかったり、やることががさつであったり、派手に遊びまわってまともな仕事につかない人たちのことに「二」のつく呼び名を付けた。

二杆子（いっこくもの、偏屈）

二愣子（がさつ者、粗忽者）

二流子、二混子（ごろつき、ならず者）

「二」には、忠貞でない、専一でない、一致しないという含意を持つ。「忠」は倫理道徳の重要な規範であり、「貞」は貞節を表す。女性は夫に仕え、最後まで貞節を貫くことが古代の妻が守るべき道であり、男は凡人であっても主君に忠を尽くし国のために働かなければならないというのが中国人の最高の道徳だった。忠臣は二君に仕えず、貞女は二夫にまみえず。

漢字「三」

「三」が表す基数概念は、中国伝統文化ではあまり重要ではない。この数字が、天、地、人の三者を表していることが重要だ。天と地は人が生活する広い空間と環境であり、自然だ。これに人を加えた「三」は人と自然の総てを表す。そ

のため、「三」は中国人の「天人合一」思想の現れであり、自然と人の調和を意味する。

「三」は数を表す

"歳寒三友"（冬を耐える松、竹、梅の三種の植物）

「三」には「少ない」、「小さい」の意味がある。「三」は一から十までの数字のうちで、まだ小さい位置にあるため。

"三寸金蓮"（旧時の女性の纏足した小さな足）

"三言兩語"（ふたことみこと言う）

"三杯兩盞"（少しの酒を飲む）

しかし一方「三」には「たくさん」「長い」の意味もある。

"三令五申"（何度も繰り返し命令を下し戒める）

"狡兎三窟"（ずるい兎は三つの穴を持つ）

"三緘其口"（口を閉ざして余計なことを言わない）

"三省吾身"（たびたび反省する）

"事不过三"（同じことは三度は起こらない、三度の失敗は許されない）

"三生有幸"（三度生まれ変わってもこの上ない幸せ）

他に「三」は、互いに関係があるが、しかし全部同じではないという意味を表す場合がある。

"三亲六故"（親戚と知人）

"三教九流"（道、仏、儒の三教とさまざまな学派）

"三思而行"（熟考してから実行する）

"三番五次"（しばしば、何度も）

"三心二意"（あれこれと心が迷う）

"朝三暮四"（気が変わる）

漢字「四」

易学で「四」が意味するのは、積極的な向上、奮い立って前進すること、勢いが盛んであること、自由闊達、隆盛な

どである。

「四」は周囲を意味する。四方、四極、四領、四海（全国各地、世界各地）、四面等の単語がある。

「四」は対称の美の象徴である。中国語には四字言葉が非常に多い。最古の詩集『詩経』も四文字の言葉が主であるし、成語も主として四文字だ。文字四つの構造自体が美しいと考えられている。

「四」は、欠けることのない状態、対称、調和を表し、昔から縁起の良い数字だった。「四合院」は調和と対称の体現であり、「四海」は世界全体を表し、「四世同堂」（四世代が一緒に暮らすこと）は家の栄えの極みとされた。「四通八達」（四方八方に通じていること）という言葉は「四通」と「八達」の対称と、全体が表す欠けるものなく全てが整った美しさがある。そもそも四角い漢字は、上と下、右と左、内と外の対称があり、音も四声で発音され、対称と調和がここでも重視されている。

「四」にはそもそも不吉な意味はなかったが、「四」の音は「死」と同音であることから縁起の悪い数字とされている。しかし一方で楽音序列の第四はファであるが、これは中国語では繁栄と富の音につながるため、「四」を歓迎する向きもある。

漢字「五」

「五」は吉祥を表す。俗言では、五は「五穀豊穣」や「五つの福」などで使われる。

「五」は、存在の完全な状態を表す。中国の古代人は人間の肢体と器官を五官、五臓、五体などの「五」に帰納させた。五官は、人の五つの器官のことで、目、耳、鼻、舌、皮膚を指す。五臓は心臓、肝臓、胃、腸、肺の五つの内臓のこ

とだ。五体とは、頭と四肢を言う。

　また古代では、「福、禄、寿、禧、財」が五つの福とされた。「五」は人間にとって、完全で健康で強いことの象徴であり、「五」に関連付けられるのは労働による収穫の豊かさや生活の理想だった。そのため、「五」は人が認める価値と円満で美しい吉祥の意味を持った。

　「五」は、対立と統一を表す。昔の生産活動において、人々は毎日太陽が東から出て、西に沈むのを見て、徐々に方向感覚と空間を分ける考えを持つに至った。自分が立つところを中心に大地を東西南北と中の五つの方位に分けた。これにより、「五」は果てしなく広がる空間に方位同士が対立しながら統一する共存の構造を表す数字となった。

　「五」は、同性質、同種の物体現象と社会組織の活動を分類する。人は高等動物として、生産領域の拡大と共にさまざまな自然現象に触れるようになったが、これらの生活体験の印象深い出来事を数字の形式で要約することを始めた。

　五行（太陽系を中期的に回る、金、木、水、火、土の五つの星）

　五金（自然で採掘できる金、銀、銅、鉄、錫の五つの金属）

　五谷（日本語の五穀、主要な五つの穀物。黍、稷、粟、麦、稲）

　五香（主要な五つのスパイス。花椒、八角、桂皮、丁香、茴香）

　五味（五つの味覚。酸、辛、甘、苦、咸）

　五毒（害になる五つの生き物、蛇、蠍、むかで、やもり、ヒキガエル）

　五楽（主要な古代楽器。琴瑟、笙竽、鼓、鐘、磬）

　五経（儒家の経書。『詩経』『尚書』『礼記』『易経』『春秋』）

五葷（匂いの強い野菜。にんにく、ニラ、ラッキョウ、ネギ、アギ）

五色（青、赤、木、白、黒）

五則（度量衡の準拠とする五つのもの。衡、規、矩、縄、権）

五家（古代の戸籍では、隣同士の五世帯を一単位とした）

五士（軍隊の基本組織となる五人組み「伍」）

「五」は社会歴史学的な意義を獲得し、五に関わる名称が派生した。

五行（金、木、水、火、土）思想は、古代宇宙観の根本理論と言える。史書によれば、黄帝が陰陽と五行を定めたとされ、「五」には神聖な意義が帯びることになった。これにより「五」は文化面でも生活でも、応用範囲の広い数字となった。

例：五つの官位"五官"、君主への五つの諫言"五諫"、五つの爵位"五等"、儒教の五つの経書"五典"、五種類の重要儀式"五礼"、五種の服喪の形式"五服"、五種類の刑罰"五刑"等。さらに道教には"五芽"（五行が生じる気）、"五屍"（死体が発する気）など、仏教では"五根"（悟りに達するための五つの作用）、"五障"（修行の五つの妨げ）、"五欲"（人間が持つ五つの欲）、儒教でも"五倫"（人が守るべき五つの道）などの言葉がある。「五」は中国文化を最もよく表す数字である。

漢字「六」

六は中国のラッキーナンバーで「順調、思いのまま」の意味がある。中国人に好まれ、大切にされる数字だ。民間では「六」を使って縁起の良さを演出したり、また文化的には、

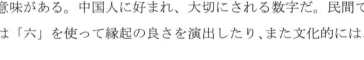

中国人は「六」という数字を用いて文化的制度や典籍の一部を帰納分類してきた。例えば、

　　"六合"天地と東西南北の四方向。広義の天地宇宙。

　　"六書"漢字の成立方法の分類

　　"六経"『詩経』『尚書』『礼記』『楽経』『易経』『春秋』

　　"六礼"古代の婚礼における六つの手順

　　"六味"六つの味覚。苦、酸、甘、辛、咸、淡等

　　"六料"稲、黍、稷、梁、麦、菽の穀物、もしくは穀物の総称

　　"六親"父、母、兄、弟、妻、子。広くは親戚縁者。

漢字「七」

「七」は、道教の伝統では、陰、陽と五行の和の数で、道家の言う「道」もしくは「気」であり、儒家が説く「和」の理想的な状態でもある。また、「七」は善や美に関連するものごとによく使われる。例えば、

　　「七仙女」(神話上の七人の仙女)

　　「七情」(七つの感情。喜、怒、憂、思、悲、恐、驚)

等。また仏教では、釈迦は生まれてすぐに七歩歩き、その足元には蓮の花が咲いたと言う。

漢字「八」

住む空間は、八つの角度から構成されており、人々は空間や宇宙への崇拝から、「八」を神聖な数字としてきた。八を使った言葉には、八拝(最も丁重な礼のしかた)、「八徳」(儒教が説く八つの徳、仁・義・礼・智・忠・信・孝・悌)、「八宝」(さまざまな種類の材料で作ったもの)等がある。また、最も縁起の良い数字ともされているのも「八」だ。それは「八」が財運、繁栄や富を招く、高位になるという意味の「発」と

音が近いためだ。これは、南方から始まった考え方だが、今では北方にも広まっている。

　中国語の字典では、「八」の意味は非常に広い。八卦方位占いでは、非常に価値がある数字だ。

　「八荒」宇宙のきわめて遠いところ。

　「八字」干支の八文字で表した人の生年月日時間。人の命運を占うことができる。

　「八卦」古代中国で始まった、陰と陽の符号の組み合わせでできる八つの形。これを組み合わせることで自然界・人間界のあらゆる事物、性情を表しうるとされるもの。

　「八拝之交」義兄弟の交わり。

　「八斗才」往時秀才を表した言葉。

　「八行信」一枚が八行の旧式の便箋のことだが、のちに手紙を表す言葉となった。

　「八仙」道教伝説で8人の神仙。

漢字「九」

　九は中国文化において、最高の位置にある数字で、歴代皇帝はこの数字を非常に大事にした。この数字を使った「九重天」、（九重の空、天上の一番高いところ）、「九万里」（鳥が飛んでいくはるか遠い距離）、「九層之台」（一つ一つ積み重ねて物事を完成させること）等の言葉は、中国人の祖先が「九」に託した極致の意味が重ねられている。他に、「九」は「旧」と音が同じであることから、永久不変、長く久しいという意味がある。故宮には9,999の部屋があるというが、実際の部屋数がどうかはともかく、明清王朝の国家国土が永遠に続くことを願った象徴でもある。

　「九鼎」（夏、殷、周に伝わったという鼎）や「九洲」（古代の九つの行政区画）は、転じて国家権力を表す単語となっ

た。歴代皇帝は「九」という数字を愛し、「九龍袍」（九匹の龍の柄の上着）を身に着け、「九龍壁」（九匹の龍をモチーフにした壁）を造り、九と久の音を掛けて、天下が限りなく永きにわたって続くことを願った。故宮は「九」に満ちた宮殿で、三つの大殿（太和殿、中和殿、保和殿）の高さは九丈九尺だ。各宮殿の門には金色の釘が縦横それぞれ九つずつ、全部で「九九、八十一」個打ち付けられている。天壇、頤和園等の皇帝の行所の建築も九を基数としている。国家中央の統治機関の「九卿」（九つの官職）も秦漢から清までの歴代王朝に引き継がれた。また庶民の間では「九」を一単位とする数の数え方があり、南朝梁時代の文献では、冬至から「九九、八十一」日後に「歳寒」の日になると記されている。この自然界の天気の移り変わりを巧みに歌いこんだ、九の数え歌は民間に広く流布し、明時代には「画九」、さらに清代には「写九」（いずれも冬至から歳寒の81日間を9日毎に分けた暦）が出現した。

漢字「十」

漢字「十」は、全てが揃った美、極み、欠けることのない円満を表し、「十全十美」の言葉からもわかるように、「九」の基礎のうえの更なる完全を表すものだ。清の乾隆帝は自らを「十全老人」と称し、「十」が持つ極みの意味で、自らの人生を評価した。「十」は単音節では自然数の最大であり、多数の意味もある。「十年寒窓」（長い間勉学に刻苦する）、「十悪不赦」（十悪を犯した者は許されない、罪業が大きい）、「十面埋伏」（至るところに兵を配置する）等の言葉がある。

中国饮食文化之传统八大菜系

高　焰

中国的饮食文化与地域、气候、地理、历史、物产及风俗有着密切的联系，经过漫长历史演变后，各自形成了一整套烹饪技艺和风味。

早在商周时期，中国的膳食文化就已有了雏形，春秋战国时期，饮食文化中南北菜肴风味就表现出了明显的差异。唐宋时，南食、北食各自形成体系。到了南宋，南甜北咸的格局形成。发展到清代初期时，鲁菜、川菜、粤菜、苏菜，成为当时最有影响的地方菜，被称作"四大菜系"。到清末时，又形成了浙菜、闽菜、湘菜、徽菜四大新地方菜系，共同构成中国传统饮食的"八大菜系"。

一、鲁菜

鲁菜，中国传统八大菜系之一，起源于山东省淄博市博山区，是历史最悠久、技法最丰富、难度最高、最见功力的菜系。两千五百年前，山东的儒家学派奠定了中国饮食注重精细、中和、健康的审美取向。其技法有蒸、煮、烤、酿、煎、炒、熬、烹、炸、腊、盐、豉、醋、酱、酒、蜜、椒等，构建了中式烹调技法的框架。明清时期，大量山东厨师和菜品进入宫廷，使鲁菜雍容华贵、中正大气、平和养生的风格特点进一步得到升华。

鲁菜的经典菜品有：一品豆腐、葱烧海参、三丝鱼翅、糖醋黄河大鲤鱼、九转大肠、油焖大虾、糟熘鱼片、木须肉、糖醋里脊、乌鱼蛋汤、拔丝山药、烧二冬等。

二、川菜

川菜即四川菜肴，是中国特色传统的八大菜系之一，更是中华料理集大成者。川菜分为三派，即上河帮川菜，是以川西成都、乐山为中心地区的蓉派川菜；小河帮川菜，是以川南自贡为中心的盐帮菜，同时包括宜宾菜、泸州菜和内江菜；下河帮川菜，则是以重庆江湖菜、万州大碗菜为代表的重庆菜。三者共同组成川菜三大主流，代表川菜发展最高艺术水平。2017 年 9 月 28 日，眉山被中国烹饪协会授予"川厨之乡"的称号，眉山菜成为川菜的代表。

川菜取材广泛，调味多变，菜式多样，口味清鲜醇浓并重，以善用麻辣调味著称，并以其别具一格的烹调方法和浓郁的地方风味，融合了东南西北各方的特点，博采众家之长，善于吸收，善于创新，享誉中外。

近现代川菜兴起于清代和民国两个时间段，并在新中国成立后得到创新发展。川菜以家常菜为主，高端菜为辅，取材多为日常百味，也不乏山珍海鲜。其特点在于红味讲究麻、辣、鲜、香；白味口味多变，包含甜、卤香、怪味等多种口味。

代表菜品有鱼香肉丝、宫保鸡丁、水煮鱼、水煮肉片、夫妻肺片、辣子鸡丁、麻婆豆腐、回锅肉、东坡肘子和东坡肉等。

三、粤菜

粤菜即广东菜，是中国传统八大菜系之一，发源于岭南。粤菜由广州菜、潮州菜、东江菜三种地方风味组成，三种风味各具特色。在世界上粤菜与法国大餐齐名，因为广东海外华侨

数量占全国六成，因此世界各地的中菜馆多数是以粤菜为主。

粤菜用料考究、丰富，选料精细，技艺精湛，清而不淡，鲜而不俗，嫩而不生，油而不腻。擅长小炒，要求火候和油温恰到好处。还兼容许多西菜做法，讲究菜的气势、档次。广州菜是粤菜的代表，民间素有"食在广州"的美誉。经典菜肴有：白切鸡、烧鹅、烤乳猪、红烧乳鸽、蜜汁叉烧、上汤焗龙虾、清蒸东星斑、阿一鲍鱼、鲍汁扣辽参、白灼象拔蚌、蒜香骨、白灼虾、椰汁冰糖燕窝、木瓜炖雪蛤、干炒牛河、广东早茶、老火靓汤、广州文昌鸡、煲仔饭等等，菜品繁多而丰富，令人赞不绝口。

四、江苏菜

江苏菜，简称苏菜，中国传统八大菜系之一。由于苏菜和浙菜相近，因此和浙菜统称江浙菜系。江苏菜主要由金陵菜、淮扬菜、苏锡菜、徐海菜等地方菜组成。江苏菜起源于两千多年前，其中金陵菜亦起源于先秦时期，当时吴人善制炙鱼、蒸鱼和鱼片。一千多年前，鸭已成为金陵美食。南宋时，苏菜和浙菜同为"南食"的两大台柱。苏菜擅长炖、焖、蒸、炒，重视调汤，保持菜的原汁，风味清鲜，浓而不腻，淡而不薄，酥松脱骨而不失其形，滑嫩爽脆而不失其味。

江苏南京菜口味和醇，玲珑细巧；扬州菜清淡适口，刀工精细；苏州菜口味趋甜，清雅多姿。其名菜有烤方、水晶肴蹄、清炖蟹粉狮子头、金陵丸子、黄泥煨鸡、清炖鸡孚、盐水鸭、金香饼、鸡汤煮干丝、肉酿生麸、凤尾虾、三套鸭、无锡肉骨头等。

五、浙江菜

浙江菜，简称浙菜，是中国传统八大菜系之一。其地山清水秀，物产丰富，古谚曰："上有天堂，下有苏杭。"浙江省有

千里长的海岸线，盛产海味，如著名的舟山渔场的黄鱼、带鱼、石斑鱼、锦绣龙虾及蛎、蛤、虾、蟹等。这里平原、河道、港又遍布，著名的太湖南临湖州，淡水水产品如鳜鱼、鲫鱼、青虾、湖蟹等以及四大家鱼产量极盛，又是大米与蚕桑的主要产地，因此素有"鱼米之乡"的称号。西南崇山峻岭，丘陵起伏，盛产山珍野味，像庆元的香菇、云和的黑木耳等。中部为浙江金衢盆地，即金华大粮仓，闻名中外的金华火腿就是选用全国瘦肉型名猪之一的"金华两头乌"制成的。加上举世闻名的杭州龙井茶叶、绍兴老酒，都是烹饪中不可缺少的上乘原料。

浙菜富有江南特色，历史悠久，源远流长，是中国著名的地方菜种。浙菜起源于新石器时代的河姆渡文化，经越国先民的开拓积累，汉唐时期成熟定型，宋元时期达到繁荣，明清时期又获发展，浙江菜的基本风格已经形成。

浙江濒临东海，气候温和，水陆交通方便，其境内北半部地处我国"东南富庶"的长江三角洲平原，土地肥沃，河汉密布，盛产稻、麦、粟、豆、果蔬，水产资源亦十分丰富，四季时鲜源源上市；西南部丘陵起伏，盛产山珍野味，农舍鸡鸭成群，牛羊肥壮，无不为烹饪提供了殷实富足的原料。浙江特产有：富春江鲥鱼、舟山黄鱼、金华火腿、杭州油乡豆腐皮、西湖莼菜、绍兴麻鸭、越鸡以及酒、西湖龙井茶、舟山梭子蟹、安吉竹鸡、黄岩蜜桔等。丰富的烹饪资源、众多的名优特产与卓越的烹饪技艺相结合，使浙江菜出类拔萃地独成体系。

六、闽菜

闽菜，中国八大菜系之一，历经中原汉族文化和闽越族文化的混合而形成。闽菜发源于福州，以福州菜为基础，后又融合闽东、闽南、闽西、闽北、莆仙五地风味菜形成菜系。狭义闽菜指福州菜，最早起源于福建福州闽县；后来发展成福州、

闽南、闽西三种流派，即广义闽菜。

由于福建人民经常往来于海上，逐渐形成带有开放特色的饮食习俗。闽菜以烹制山珍海味而著称，在色、香、味、形俱佳的基础上，尤以"香""味"见长，形成了清鲜、和醇、荤香、不腻以及汤路广泛的特点，在烹坛园地中独具一席。福州菜淡爽清鲜，讲究用汤提鲜，擅长烹调各类山珍海味；闽南菜讲究作料调味，重鲜香；闽西菜偏重咸辣，烹制多为山珍，特显山区风味。故此，闽菜形成三大特色，一长于红糟调味，二长于制汤，三长于使用糖醋。

闽菜除招牌菜"佛跳墙"外，还有福州鱼丸、鼎边糊、漳州卤面、莆田卤面、海蛎煎、沙县拌面、扁食、厦门沙茶面、面线糊、闽南咸饭、兴化米粉、荔枝肉、乌柳居、白雪鸡、闽生果、醉排骨、红糟鱼排、长汀豆腐干等，均别有风味。

汤是闽菜之精髓，素有"一汤十变"之说。据昙石山文化遗址考证成果，闽人在五千多年前就有了吃海鲜和制作汤食的传统。福建一年四季如春，这样的气候适合做汤。

七、湘菜

湘菜，又叫湖南菜，中国传统八大菜系之一，早在汉朝就已经形成菜系，历史悠久。以湘江流域、洞庭湖区和湘西山区三种地方风味为主。

湘菜制作精细，用料上比较广泛，口味多变，品种繁多；色泽上油重色浓，讲求实惠；品味上注重香辣、香鲜、软嫩；制法上以煨、炖、腊、蒸、炒诸法见称。湘菜的主题是下饭，湖南菜多辣，由辣而产生多吃米饭的结果，所以湘菜主要的作用是下饭。

官府湘菜以组庵湘菜为代表，如组庵豆腐、组庵鱼翅等；民间湘菜代表菜品有剁椒鱼头、辣椒炒肉、湘西外婆菜、吉首酸肉、牛肉粉、郴州鱼粉、东安鸡、金鱼戏莲、永州血鸭、腊

味合蒸、姊妹团子等。

八、徽菜

徽菜，又称安徽菜，是中国传统八大菜系之一。安徽菜由徽州菜、沿江菜和沿淮菜构成。徽菜起源于南宋时期的徽州府，是古徽州的地方特色，古徽州独特的地理人文环境赋予徽菜独有的味道。由于明清徽商的崛起，这种地方风味逐渐进入市肆，流传于苏、浙、赣、闽、沪、鄂等区域，具有广泛的影响，明清时期一度居于八大菜系之首。代表菜品：徽州毛豆腐、红烧臭鳜鱼、火腿炖甲鱼、腌鲜鳜鱼等。

中国の伝統的八大料理系統

高　焔

双語趣談中日文化　二ヶ国語の面白い中日文化

　　中国の飲食文化は地域性、気候、地理、歴史、作物、及び風俗と密接な関係があり、長い歴史を経て、調理技術と風味の異なるいくつかの系統が並立するようになった。

　　中国ではすでに商・周時代に、飲食文化の原型が存在していた。春秋戦国時代になって、北方と南方で飲食に明らかな差異が生まれた。唐・宋時代には、北と南で独自の飲食体系を持つに至り、南宋時代に「南甜北咸」（南は甘く、北は塩辛い）のスタイルが確立した。清代初期には、魯菜（山東）、川菜（四川）、粤菜（広東）、蘇菜（江蘇）が、当時最も影響力のある地方菜流派で「四大菜系」と呼ばれた。さらに清末になると、浙菜（浙江）、閩菜（福建）、湘菜（湖南）、徽菜（安徽）が盛んになり、「八大菜系」が成立した。

一、山東料理

　　魯菜の起源は山東省淄博市博山区にある。最も長い歴史と豊富な調理技術を持ち、難度的にも高く、最も作りこまれた料理群だ。2500 年前、山東地方に興った儒家は飲食に繊細さ、バランス、健康を求めた。魯菜の技法は蒸す、煮る、炙る、詰めもの、焼く、炒める、煮込み、絡め、揚げ、燻製、塩漬け、発酵、醤油煮付、酒漬け、蜜漬け、唐辛子漬な

ど多岐にわたり、他派も含めた中国料理全体の技法の骨組み
ともなっている。明清時代に山東地方の調理師が大量に宮廷
に入り、魯菜の華麗で堂々としたみためや健康に配慮する点
が更に洗練された。

魯菜の代表的な料理：一品豆腐、葱焼海参、三丝鱼翅、
糖醋黄河大鲤鱼、九转大肠、油焖大虾、糟熘鱼片、木须肉、
糖醋里脊、乌鱼蛋汤、拔丝山药、烧二冬など。

二、四川料理

四川料理は中国料理の集大成とも言える位置づけで、地
域により、上河帮川、小河帮川、下河帮川の三つの系統に分
かれる。2017 年 9 月、中国調理協会は四川省の眉山地方に
「四川料理の故郷」の称号を与えた。

四川料理は材料の範囲が広く、味付けも、みかけも変化
に富んでいる。口にすると、すっきりとしながらも味わいが
あり、辛い調味料の使い方に優れている。四川独特の調理方
法と風味を保ちながらも、他の地方の特徴も取り入れて融合
させることに巧みであり、創造的だ。中国国内のみならず国
外でも好まれている。

近現代的な四川料理は清代から民国時代にかけて誕生
し、新中国成立後にさらに発展した。四川料理は家庭料理が
中心で、高級なメニューは限定的だが、山海の珍味も調理す
る。他の流派と比較して、赤みがかった色どりと、麻辣の調
味、香り、素材を生かすことに特徴がある。辛くない味付け
にもさまざまあり、甘さを残すもの、醤油、怪味（四川料理
独特の和え物に使う味付け）等さまざまだ。

四川料理の代表的な料理：宮保鸡丁、水煮鱼、水煮肉
片、夫妻肺片、辣子鸡丁、麻婆豆腐、回锅肉、东坡肘子、东
坡肉など。

三、広東料理

広東料理のルーツは嶺南地方にあり、広州料理、潮州、東江の三地方の料理に分類できる。特に広州料理は広東料理の代表とされ、「食は広州にあり」という言葉は有名だ。世界中の華僑の6割は広東にルーツがあり、海外で中華料理と言えば広東料理を指すことが多く、広東料理はフランス料理並みに有名だ。

広東料理は、豊富な素材から良いものを厳選し、洗練された技術で作りあげる。風味は淡泊ながらも水っぽくなく、素材を加工しつつも元の味を生かし、柔らかく、油をつかいながらもあっさりとしている。炒め料理の火加減、油加減のコントロールに優れている。西洋料理の技法を多く取り入れており、料理のいきの良さや水準にこだわる。代表的な料理：白切鸡、烧鹅、烤乳猪、红烧乳鸽、蜜汁叉烧、上汤焗龙虾、清蒸东星斑、阿一鲍鱼、鲍汁扣辽参、白灼象拔蚌、蒜香骨、白灼虾、椰汁冰糖燕窝、木瓜炖雪蛤、干炒牛河、广东早茶、老火靓汤、广州文昌鸡、煲仔饭など。

四、江蘇料理

江蘇料理は蘇菜とも呼ばれる。江蘇料理と浙江料理は系統的にも近く、両方を合わせて「江浙料理系」と呼ぶ場合もある。江蘇料理は、金陵菜、淮揚菜、蘇錫菜、徐海菜などの各地方料理からなるが、そのなかでも金陵菜は、秦時代前、いまから2000年以上前にさかのぼることができる。当時の呉人は魚を焼いたり、蒸したりすることに長けていた。また1000年以上前には鴨が金陵（現在の南京）の名物となっていた。南宋時代、江蘇料理と浙江料理は、南方料理の二大系統となった。江蘇料理は煮込み料理、蒸しもの、炒めものに

優れる。スープの調製には、原料の味を生かし、濃くてもしつこくなく、薄くても水っぽくなく、具は骨からほぐれやすくも形を保ち、柔らかく香ばしく、もとの味を保つことが求められる。

代表的な料理：水晶肴蹄、清炖蟹粉狮子头、金陵丸子、黄泥煨鸡、清炖鸡孚、盐水鸭、金香饼、鸡汤煮干丝、肉酿生麸、凤尾虾、三套鸭、无锡肉骨头など。

五、浙江料理

浙江料理の起源は新石器時代の河姆渡文化にあり、越国を経て漢・唐代に一定の成熟に達したのち、宋・元代の繁栄とそれに続く明・清時代の発展が現在に続く原型を形成した。気候は温和で、水陸交通が発達しており、「魚米の郷」とも呼ばれる。東に長い海岸線を持ち、平野と河、湾が入り乱れている。海産物は舟山の黄魚をはじめ、太刀魚、ハタ、伊勢海老、牡蠣、ハマグリ、エビ、カニ等が豊富に水揚げされる。北半分は土地が肥え水も豊富な長江三角州平原で、稲、麦、雑穀類、野菜、果物、水産物等、我が国有数の農産物に恵まれた地域で、四季を通じて作物が豊富だ。西南部の起伏に富んだ丘陵地帯は、きのこやきくらげ等の山の恵みをもたらし、鶏や鴨、牛や羊の飼育も盛んだ。金華ハム、杭州龍井茶、紹興酒など、浙江地方ならではの特産物はこの地方の料理の重要な材料でもある。

代表的な料理：富春江鲥鱼、舟山黄鱼、金华火腿、杭州油乡豆腐皮、西湖莼菜、绍兴麻鸭、越鸡和酒、西湖龙井茶、舟山的梭子蟹、安吉竹鸡、黄岩蜜桔など。

六、福建料理

福建料理は中原の漢民族文化と土着の閩族文化が混ざり

合って形成されたものだ。福州料理をベースに他の5地方菜が融合しているが、狭義の福建料理とは福州料理のことだ。

この地方は海上での往来が盛んであり、飲食でも開放的な料理系統を形成するに至った。陸と海の珍味を多く用いるが、他の地方と比較すると、香り、味、形のうち、香りを引き出すことに特にすぐれ、うまみがあり、新鮮で味わいがありあっさりとしているところに特色がある。スープのだしになる材料が豊富であることも他の料理系統とは一線を画す。福州料理の三大特色は、紅糟を調味料として使うこと、スープを重視すること、甘酢の扱いが巧みであること。ことにスープは福州料理のエッセンスともいえ、5000年以上前の古代遺跡からも水産物を食べてスープをつくっていたことがわかっている。この地方は気候も温暖で、スープが

代表的な料理：佛跳墙，福州鱼丸、鼎边糊、漳州卤面、莆田卤面、海蛎煎、沙县拌面、扁食、厦门沙茶面、面线糊、闽南咸饭、兴化米粉、荔枝肉、乌柳居、白雪鸡、闽生果，醉排骨、红糟鱼排、长汀豆腐干など。

七、湖南料理

湖南料理は漢時代には系統として成立しており、歴史が古い。

湖南料理は、使われる材料の範囲が広く、料理のみためは油を多用し、色はやや濃いめ、高級志向ではない。味付けは辛く、素材の風味を生かし、柔らかめであることが重視される。技法では、煮込み、蒸し、塩漬け、炒め等の方法に秀でている。湖南料理の特徴はごはんのおかずになること、湖南人でも辛いものばかり食べているわけではなく、辛い湖南料理と同時に米を食べている。

代表的な料理：如组庵豆腐、组庵鱼翅等；民间湘菜代表

菜品有剁椒鱼头、辣椒炒肉、湘西外婆菜、吉首酸肉、牛肉粉、郴州鱼粉、东安鸡、金鱼戏莲、永州血鸭、腊味合蒸、姊妹团子など。

八、安徽料理

安徽料理の起源は南宋時代の徽州府にある。地理的文化的環境がこの地方料理の独特の風味形成に寄与し、明・清時代にこの地方の商人たちが活躍したことで、浙江、広西、福建、上海、湖北から長江中流、下流の広範囲に安徽料理の影響が広まり、一時は八大料理中で最も力のある体系であった。代表的な料理：徽州毛豆腐、红烧臭鳜鱼、火腿炖甲鱼、腌鲜鳜鱼など。

中国农历传统节日

齐燕京

中华传统文化是我们最深厚的软实力，作为优秀传统文化重要组成部分的传统节日，以其丰富的文化内涵滋养着中华民族的心灵。

一、春节（农历正月初一）

春节，是农历正月初一，又叫阴历年。这是中国民间历史最悠久、最隆重、最热闹的一个古老传统节日，由上古时代岁首祈年祭祀演变而来，在传承发展中承载了丰厚的历史文化底蕴。新春贺岁以祭祝祈年为中心，以除旧布新、迎禧接福、拜神祭祖、祈求丰年等活动形式展开，它不仅集中体现了中华民族的思想信仰、理想愿望、生活娱乐和文化心理，而且还是饮食和娱乐活动的狂欢式展示。

1911 年辛亥革命后，南京临时政府为了顺应农时和便于统计，规定在民间使用夏历，在政府机关、厂矿、学校和团体中实行公历，以公历的元月 1 日为"元旦"，农历的正月初一称"春节"。据考证，"春节"正式冠名就是在辛亥革命以后。1949 年 9 月 27 日，第一届中国人民政治协商会议，通过了使用世界上通用的公历纪元的决定，把公历的元月 1 日定为元旦，俗称阳历年；农历正月初一通常都在立春前后，因而把农历正月初一定为"春节"，俗称阴历年，"春节"之名正式列

入中国节日法典，流行至今。

春节也是汉族和满族、蒙古族，瑶族、壮族、白族、高山族、赫哲族、哈尼族、达斡尔族、侗族、黎族等十几个少数民族的共同节日。

漫长的历史岁月使年俗活动内容变得异常丰富多彩。其中，那些敬天祭神的迷信内容已逐渐被淘汰，而那些富有生活情趣的内容，像贴春联、贴年画、贴福字、剪窗花、蒸年糕、包饺子等则流传了下来。汉族的春节习俗，一般以吃年糕、饺子、糍粑、汤圆、荷包蛋、大肉丸、全鱼、美酒、福橘、苹果、花生、瓜子、糖果、香茗及看馔为主；并伴有掸扬尘、洗被褥、备年货、贴春联、贴年画、贴剪纸、贴窗花、贴福字、点蜡烛、点旺火、放鞭炮、守岁、给压岁钱、拜年、走亲戚、送年礼、上祖坟、逛花市、闹社火、跳钟馗等众多活动，极尽天伦之乐。

农历初一第一声鸡啼响起，或是新年钟声敲过，街上鞭炮齐鸣，响声此起彼伏，家家喜气洋洋，新的一年开始了。男女老少都穿着节日盛装，先给家族中的长者拜年祝寿，长者给儿童压岁钱，大家一起吃团年饭。初二、初三就开始走亲戚看朋友，相互拜年，道贺祝福，举办祭祖等活动。节日的热烈气氛不仅洋溢在各家各户，也充满各地的大街小巷。一些地方的街市上还有傩舞跳钟馗、舞狮子、耍龙灯、演社火、游花市、逛庙会等习俗。这期间花灯满城，游人满街，直要闹到正月十五元宵节过后，春节才算真正结束了。

中国各地过春节最普遍的习俗是放爆竹。中国民间有"开门爆竹"一说。即在新的一年到来之际，家家户户开门的第一件事就是燃放爆竹，以噼噼啪啪的爆竹声除旧迎新。爆竹是中国特产，亦称"爆仗""炮仗""鞭炮"。其起源很早，至今已有两千多年的历史。放爆竹可以创造喜庆热闹的气氛，是节日的一种娱乐活动。

中国各地过年都有贴门神、贴春联、贴福字、贴窗花、贴年画、贴挂千、吃隔年饭的风俗。

贴门神：最初的门神是刻桃木为人形，挂在门的旁边，后来是画成门神人像张贴于门。还有画关羽、张飞像为门神的。

贴春联：春联也叫门对、春贴、对联、对子、桃符等，它以工整、对偶、简洁、精巧的文字描绘时代背景，抒发美好愿望，是我国特有的文学形式。每逢春节，无论城市还是农村，家家户户都要精选一幅大红春联贴于门上，为节日增加喜庆气氛。这一习俗起于宋代，在明代开始盛行，到了清代，春联的思想性和艺术性都有了很大的提高。

贴福字：在贴春联的同时，一些人家要在屋门上、墙壁上、门楣上贴上大大小小的"福"字。春节贴"福"字，是我国民间由来已久的风俗。"福"字寓意福气、福运，寄托了人们对幸福生活的向往，对美好未来的祝愿。为了更充分地体现这种向往和祝愿，有的人干脆将"福"字倒过来贴，表示"幸福已到""福气已到"。

贴窗花：人们还喜欢在窗户上贴上各种剪纸——窗花。窗花不仅烘托了喜庆的节日气氛，也集装饰性、欣赏性和实用性于一体。剪纸在我国是一种很普及的民间艺术，千百年来深受人们的喜爱，贴在窗户上的剪纸也被称为"窗花"。

贴年画：春节挂贴年画也很普遍，浓墨重彩的年画给千家万户平添了许多兴旺欢乐的喜庆气氛。年画是我国的一种古老的民间艺术，反映了人民朴素的风俗和信仰，寄托着他们对未来的希望。年画和春联一样，起源于"门神"。随着印刷术的发展，年画的内容已不仅限于门神之类单调的主题，变得丰富多彩，在一些年画作坊中产生了《福禄寿三星图》《五谷丰登》《六畜兴旺》《迎春接福》等经典的彩色年画，以满足人们喜庆祈年的美好愿望。

贴挂千：挂千，就是用吉祥语镌于红纸之上，粘之门前，

与桃符相辉映。其黄纸长三寸，红纸长寸余，是"小挂千"，为市肆所用。最早的挂千当是以制钱（铜钱）串挂的，与压岁钱一样，有压胜的作用。

隔年饭：在北方，有的人家还要供一盆饭，年前烧好，以供过年，叫作"隔年饭"，是年年有剩饭，一年到头吃不完，今年还吃昔年粮的意思。这盆隔年饭一般用大米和小米混合起来煮，北京俗话叫"二米子饭"，是为了有黄有白，寓意"有金有银，金银满盆"的"金银饭"。

二、元宵节（农历正月十五）

农历正月十五日是一年中第一个月圆之夜，也是一元复始、大地回春的夜晚，人们对此加以庆祝，也是庆贺新春的延续。在古书中，这一天称为"上元"，因此又称"上元节"。其夜称"元夜""元夕"或"元宵"。元宵这一名称一直沿用至今。

由于元宵有张灯、看灯的习俗，民间又将其称为"灯节"。此外还有吃元宵、踩高跷、猜灯谜、舞龙、赏花灯、舞狮子等风俗，一片欢欣热闹。

三、龙抬头（农历二月初二）

龙抬头又被称为"春耕节""农事节""春龙节"，是中国民间传统节日。龙抬头的日期是每年农历二月初二。中国人庆祝"龙头节"，以示敬龙祈雨，让老天佑保丰收。

此时，阳气回升，大地解冻，春耕将始，正是运粪备耕之际。

二月初二龙抬头的形成，也与自然地理环境有关。主要流行于北方地区（南方水多，土地少，这天多流行祭祀土地社神）。由于古时北方地区常年干旱少雨，地表水资源短缺，而赖以生存的农业生产又离不开水，病虫害的侵袭也是庄稼的一大患，因此，人们求雨和消灭虫患的心理便折射到

日常生活当中，二月初二的龙抬头节对人们而言也就显得格外重要。

"龙头节"，充满了崇拜龙的思想观念，以为龙治水行雨，决定庄稼丰歉，万万得罪不可。旧时这天早晨，人们要敬奉碾子，传说碾子是青龙的化身。有的还把碌子支起来，表示"龙抬头"，以显尊贵、图吉利。妇女忌做针线怕"扎瞎了龙眼"；不磨面，不碾米，不行大车，怕"砸断了龙腰、龙尾"。

正月不剃头，大都等二月二这天剃头，其名曰"剃龙头"。正月不剪头的含义是"思旧"，这是从明末清初开始流传的风俗。因明清两朝发式不同，明末清初，清朝命令所有国民必须剪发。当时有人为怀念明朝，就在正月里不剪发以表示"思旧"这一说法。

四、寒食节（清明节前一二日）

寒食节初为节时，禁烟火，只吃冷食。并在后世的发展中逐渐增加了祭扫、踏青、荡秋千、蹴鞠、牵勾、斗鸡等风俗，寒食节前后绵延两千余年，曾被称为中国民间第一大祭日。寒食节是汉族传统节日中唯一以饮食习俗来命名的节日。

据史籍记载，晋国公子重耳为躲避祸乱而流亡他国，大臣介子推始终追随左右、不离不弃。重耳励精图治，成为一代名君"晋文公"。但介子推不求利禄，与母亲归隐绵山。晋文公为了迫其出山相见而下令放火烧山，介子推最终被火焚而死。晋文公感念忠臣之志，修祠立庙，并下令在介子推死难之日禁火、吃冷食，以寄哀思，这就是"寒食节"的由来。

清初汤若望历法改革将寒食节定在清明节之前一日。现代二十四节气的定法沿袭汤氏，因此寒食节就在清明节前一日。伴随着岁月的流逝，寒食节静静地融入了清明节，其所代表的人们对忠诚、廉洁、政治清明的赞许，却是千年如一的。

寒食节习俗：

1. 拜扫祭祖：寒食节扫墓祭祖在南北朝到唐前被视为"野祭"。后演变为皇家祭陵，官府祭孔庙、祭先贤，百姓上坟等。

2. 寒食插柳：柳为寒食节象征之物，原为怀念介子推追求政治清明之意。各地史籍记载有"插柳于坟""折柳枝标于户""门皆插柳"，故民间有"寒食不戴柳，红颜成白首"之说。

3. 寒食咏诗：寒食节时，文人们或思乡念亲，或借景生情，感慨尤多，灵感顿生，诗兴大发，咏者甚多。

4. 寒食踏青：踏青也叫踏春，盛兴于唐宋。人们于拜扫后与兄弟、妻子、亲戚、契交放情地游览。

5. 寒食蹴球：盛行于唐。植两修竹，高数丈，络网于上，为门以度球，球工分左右朋，以角胜负。（《文献通考》）

6. 禁烟冷食：寒食节古代也叫"禁烟节"，家家禁止生火，都吃冷食。但因国人追悯先贤之情执着，从东汉到南北朝屡禁屡兴，唐代皇家认可并参与。

7. 寒食秋千：秋千原为古代寒食节宫廷女子游乐项目。

五、清明节（斗指乙，公历 4 月 5 日左右）

"清明时节雨纷纷，路上行人欲断魂。"清明节是中国最重要的祭祀节日，是祭祖和扫墓的日子。扫墓俗称上坟，是祭祀死者的一种活动。汉族和一些少数民族大多都是在清明节扫墓。

按照旧的习俗，扫墓时，人们要携带酒食果品、纸钱等物品到墓地，将食物供祭在亲人墓前，再将纸钱焚化，为坟墓培上新土，折几枝嫩绿的新枝插在坟上，然后叩头行礼祭拜，最后吃掉酒食回家。

清明节，又叫踏青节，按阳历来说，它是在每年的 4 月 4 日至 6 日之间，正是人们春游的好时候，所以古人有清明踏青并开展一系列体育活动的习俗。

六、端午节（农历五月初五）

农历五月初五日为"端午节"，是中国一个古老的传统节日。"端午"本名"端五"，端是初的意思。因为人们认为"五月"是恶月，"初五"是恶日，因而避讳"五"，改为"端午"。

端午节早在西周初期即有记载，并非为纪念屈原而设立，但是后来端午节的一些习俗受到屈原的影响。端午习俗有赛龙舟、吃粽子、饮雄黄酒、佩香囊。

七、七夕节（农历七月初七）

七夕节，阴历七月七日的晚上称"七夕"。七夕节发源于中国，是华人地区以及东亚各国的传统节日。该节日来自于牛郎与织女的传说。中国民间传说牛郎织女此夜在天河鹊桥相会。此节日活动的主要参与者是少女，而节日活动的内容又是以乞巧为主，所以人们称这天为"乞巧节"或"少女节""女儿节"。2006 年 5 月 20 日，七夕被中国国务院列入第一批国家非物质文化遗产名录。

七夕节以牛郎织女的民间传说为载体，表达的是男女之间不离不弃、白头偕老的情感，恪守的是双方对爱的承诺。随着时间演变，七夕现已成为情人节。

八、中元节（农历七月十五）

农历七月十五日，道教称为中元节，佛教称为盂兰盆节（简称盂兰节），民间俗称鬼节、七月半。中元节原是小秋，有若干农作物成熟，民间按例要祀祖，用新米等祭供，向祖先报告秋成。因此每到中元节，家家祭祀祖先，民间普遍进行祭祀鬼魂的活动。所以，中元节是以祀鬼为中心的节日，系中国民间最大的祭祀节日之一。

相传那一天地狱大门打开，阴间的鬼魂会出来。所以人们

双语趣谈中日文化　二ヶ国語の面白い中日文化

纷纷在七月，举行设食祭祀、诵经作法等"普渡""施孤"布施活动，以普遍超度孤魂野鬼，防止它们为祸人间，又或祈求鬼魂帮助去除疫病和保佑家宅平安。因此某些地区在这一天会有普渡的习俗，称为"中元普渡"，后来更发展为盛大的祭典，称为"盂兰盛会""盂兰胜会"。

在20世纪20—40年代，中元节远比"七夕""清明"热闹。人们传承着以家为单位的祭祖习俗，祭祖先、荐时食的古老习俗直至民国时期仍然是乡村中元节俗的首要内容。20世纪50年代后中元节被认为宣扬封建迷信，逐渐边缘化。20世纪60年代中期，北海公园办了最后一次中元节，琼海中到处都是茄子做成的河灯，非常壮观。

在华人社会，中元是相当重要的民俗节日，不少人会在旧历的七月初一到七月卅日之间，择日以牲礼、烧酒、糕点、糖果、水果等，甚至以全猪（闽南语俗称神猪）、全羊等祭品举办祭祀活动，祈求全年的平安顺利。

日本有"盂兰盆"节（鬼节）巡游。盂兰盆节在飞鸟时代由隋唐时期的中国传入日本，俗称"お盆"（おぼん、发音：O-bon，盂兰盆会简称）。城市在七月十三日至十六日，农村在八月十三日至十六日进行。十三日前扫墓，十三日接先人鬼魂，十六日送。也有送中元礼物的习惯，民俗上也会众人聚集，跳一种名曰"盆踊"的舞蹈，专注于手部动作。日本人对盂兰盆节很重视，盂兰盆节已成为仅次于元旦的重要节日，企业、公司一般都会放假一周左右，称为"盆休"，很多出门在外工作的日本人都会选择利用这个假期返乡团聚祭祖，此时像大都市（如东京、大阪等）街道多显冷清，有点类似中国的清明节。

朝鲜半岛的中元节又称"百中节""百种节""亡魂节"等，是朝鲜的一个传统节日，来自中国道教的中元节与佛教盂兰盆节，然后发展出朝鲜族特色。相对于中国、日本的中元节较著

重于祭祖及普渡，朝鲜的中元节则保留较多秋季农夫庆丰收的原意，祭祖、祀亡魂等仪式则在其次。

九、中秋节（农历八月十五）

农历八月十五恰逢三秋之半，故称"中秋"。中秋节的名称有许多，比如八月节、月夕、月节、秋节、八月会、丰收节、兔儿爷节、追月节、玩月节、拜月节等等。八月十五为仲秋之中，秋季之中，故也称仲秋节。秋月是瓜果丰收之际，有以瓜果供月和馈赠亲友的习俗，所以中秋又称果子节。

"团圆"是中秋节的主要民俗信仰，几乎贯穿于各项民俗活动中，所以中秋还称团圆节。吃月饼、庆团圆是中秋节的主要习俗。中秋是赏月的佳节，中秋夜人们会备上各种瓜果和熟食品特别是月饼，边吃边在庭院赏月。传说月宫中有永远也砍不断的桂树，因此有中秋节赏桂、饮桂酒之俗。拜月之俗多是在八月十五晚上家人团聚，月亮升起后，开始拜月，一般是徒手望空而拜。

中秋节要吃月饼。据传说，元朝末年，广大人民为了推翻元朝的残暴统治，把发起暴动的日期写在纸条上，放在月饼馅子里，以便互相秘密传递，号召大家在八月十五日起义。终于在这一天爆发了全国规模的农民大起义，最终推翻了腐朽的元朝统治。此后，中秋吃月饼的风俗就更加广泛地流传开来。

现在，中秋节期间，城市的公园内欢声笑语，周边居民相约吃月饼、赏歌舞、听故事，月下欢歌一片。逢此佳节的小假期，一些人走亲访友，共同追忆往昔岁月。"海上生明月，天涯共此时。"很多在外乡打拼的人们无法与亲人团聚，只能身处异地而仰望同一轮明月，通过网络互诉"想家的心情"，有的自己制作或转发精美的祝福图片、贺卡，向亲朋好友送去祝福，还有人通过电子购物，快递节日礼物。这些讲究、习俗虽然形式多样，但其内涵都在传达人们对自然的敬畏以及对幸福

双语趣谈中日文化　二ヶ国語の面白い中日文化

美满生活的祝愿、追求和向往。

十、重阳节（农历九月初九）

农历九月九日，为传统的重阳节，又称"老人节"。因为《易经》中把"九"定为阳数，九月九日，日月并阳，两九相重，故而叫重阳，也叫重九。重阳节早在战国时期就已经形成，到了唐代，被正式定为民间节日，沿袭至今。

重阳节同时也是中国的敬老节。在 1989 年，中国把每年的九月九日定为老人节，传统与现代巧妙地结合，重阳节成为尊老、敬老、爱老、助老的老年人节日。

重阳节有"踏秋"活动，与三月三日"踏春"皆是家族倾室而出，这天所有亲人都要一起登高"避灾"，插茱萸、赏菊花。自魏晋开始重阳气氛日渐浓郁，为历代文人墨客吟咏最多的几个传统节日之一。"今日登高樽酒里，不知能有菊花无。"

重阳节，今人少了登高赋诗的冲动和雅兴，多了庆丰、朋友相聚的欢乐，但对"高"仍保有敬仰之情，现在重阳节又被视为敬老节，具有了更广阔更深厚的文化内涵。

十一、冬至（公历 12 月 21 至 23 日中）

中国古代对冬至很重视，冬至被当作一个较大节日，曾有"冬至大如年"的说法，而且有庆贺冬至的习俗。人们认为，过了冬至，白昼一天比一天长，阳气回升，是一个节气循环的开始，也是一个吉日，应该庆贺。《宋书》上记载："魏晋冬至日受万国及百僚称贺……其仪亚于岁旦。"说明古代对冬至日的重视。

在中国北方地区有冬至宰羊、吃饺子、吃馄饨的习俗，南方地区在这一天则有吃冬至米团、冬至长线面的习惯。各个地区在冬至这一天还有祭天、祭祖的习俗。

中国农历传统节日

十二、灶节（小年，农历腊月二十三）

农历腊月二十三，是中国传统的祀灶日，即灶王节，又称"小年"。古代中国民谣中有"二十三，糖瓜粘"的说法。灶王，又名灶君、灶神、灶王爷，被尊称为"司命菩萨""灶君司命"。旧时，中国民间过灶王节热闹非凡，家家户户燃放鞭炮，置办酒宴，邀亲访友，歌舞娱乐，当然祭灶是最重要的活动。

传说灶王爷要上天向玉皇大帝禀报这家人的善恶，让玉皇大帝赏罚。因此送灶时，人们在灶王像前的桌案上供放糖果、清水、料豆、秣草，其中后三样是为灶王升天的坐骑准备的。祭灶时还要把关东糖用火融化，涂在灶王爷的嘴上。这样，他就不能在玉帝那里讲坏话了。民间有"男不拜月，女不祭灶"的习俗，因此祭灶王爷，只限于男子。另外，大年三十的晚上，灶王还要与诸神来人间过年，那天还得有"接灶""接神"的仪式。

举行过祭灶仪式后，迎接过年的准备工作就正式开始了，此后直到除夕的这段时间称为"迎春日"。中国民间还多以腊月二十四日为扫尘日，寄托着人们辞旧迎新、荡涤污秽，驱走一切不吉利的东西，期望来年万事如意、人畜平安的良好愿望。

双语趣谈中日文化　二ヶ国語の面白い中日文化

十三、除夕（农历腊月三十）

除夕，又称大年夜、除夜、岁除、大晦日，是农历一年最后一天的晚上，即春节前一天晚上。农历十二月多为大月，有三十天，所以除夕又称为大年三十、年三十、年三十晚、年三十夜。除夕与春节（正月初一）首尾相连。"除夕"中"除"字的本义是"去"，引申为"易"，即交替；"夕"字的本义是"日暮"，引申为"夜晚"。除夕的活动都以除旧部新、消灾祈

福为中心。

除夕是一年中最使人留恋的一晚。除夕之夜，最为热闹、喧阗。天一抹黑，孩子们或者年轻人，早已东一声、西一响地放起鞭炮来了，胆大的放大炮仗，年幼的一只手捂着耳朵，远远地探着身子点小鞭炮，其他小孩两手捂着耳朵，紧张而又焦急地等待着……此情此景，即使人到白头也都还能记得。

传说中国古时候有一种叫"年"的怪兽，头长触角，凶猛异常，每到除夕吞食牲畜、伤害百姓。后来，一位银须飘逸、目若朗星的老仙人指点村人驱赶"年"兽的办法：门贴大红纸，屋内烛火通明，院内燃响爆竹。果然"年"兽惊惶失色，狼狈而逃了。从此每年除夕，家家贴红对联、燃放爆竹；户户烛火通明、守更待岁。

北方地区在除夕有吃饺子的习俗，饺子的做法是先和面，"和"字就是"合"，饺子的"饺"和"交"谐音，合和交有相聚之意，又取更岁交子之意。在南方有过年吃年糕的习惯，甜甜的粘粘的年糕象征新一年生活甜蜜蜜、步步高。

除夕这一天对华人来说极为重要。这一天人们准备除旧迎新，吃团圆饭，称年夜饭。家庭是华人社会的基石，一年一度的年夜饭充分表现出家庭成员的互敬互爱，这种互敬互爱使一家人之间的关系更为紧密。吃年夜饭，是春节家家户户最热闹愉快的时候，丰盛的年菜摆满一桌，阖家团聚，围坐桌旁，共吃团圆饭，心头的充实感真是难以言喻。人们既是享受满桌的佳肴盛馔，也是享受那份快乐的气氛。桌上有大菜、冷盆、热炒、点心，一般少不了两样东西，一是火锅，一是鱼。火锅沸煮，热气腾腾，温馨撩人，说明红红火火；"鱼"和"余"谐音，象征"吉庆有余"，也喻示"年年有余"。萝卜俗称菜头，祝愿有好彩头；龙虾、鲍鱼等煎炸食物，预祝家运兴旺如"烈火烹油"。最后多为一道甜食，祝福往后的日子甜甜蜜蜜，这天，即使不会喝酒的，也多少喝一点。古代，过年喝酒，非常

注意酒的品质。

吃完年夜饭后，长辈把压岁钱发给晚辈，并勉励他们在新的一年里学习长进，好好做人。有的人家是父母在夜晚待子女睡熟后，把压岁钱放在他们的枕头下，更多的人家是小孩子们齐集正厅，高呼爷爷奶奶、爸爸妈妈新年快乐，列队跪拜，而后伸手要红包。老人家逢此情景乐不可支，认为这是新年事事顺利的好兆头。过年给压岁钱，体现出长辈对晚辈的关爱和晚辈对长辈的尊敬，是一项整合家庭伦理关系的民俗活动。

各地的除夕风俗大致相同，除夕守岁时，大都要等待钟声，当钟声穿过沉沉夜色，传到千家万户时，就标志着新春的来临。当新年的钟声敲响时，各家的饺子也下锅了，人们尽情娱乐。

除夕是去旧迎新的节日，体现了人们趋吉避凶、祈求平安、祈盼幸福的心理要求。除夕夜的灯火通宵不熄，俗称"光年"。

旧暦の伝統節句

斉燕京

　中華民族の伝統文化は我が国の最も強力なソフトパワーである。なかでも伝統的な節句、行事は伝統文化の重要な要素であり、これらにまつわる文化の豊かさと蓄積が民族の精神を涵養してきた経緯がある。

一、春節（旧暦正月一日）

　春節は旧暦の正月一日のことで、「陰暦年」、俗称では「過年」とも言う。歴史的に最も重要で、最も長く続く、最も賑やかな伝統行事である。上古の時代、年初に行われた祭祀から始まり、歴史を経て伝えられていくなかでさまざまな文化的蓄積がなされてきた。新年を祝うとはすなわち、古い年を送り新しい年を迎え、福を招き入れ、神仙と祖先を祭り、豊作を祈るさまざまな活動のことであり、春節は中華民族の思想信仰や理想と願望、娯楽や文化に対する心理の体現であるのみならず、年に一度の飲食や娯楽のお祭り騒ぎでもある。

　1911年の辛亥革命以降、南京臨時政府は農業スケジュールと国家統計に対応するため、民間では旧暦を用い、政府機関、工業関係、学校や団体では西暦を使うことを規定した。この際、西暦の1月1日を元旦とし、旧暦の1月1日は春節と呼ぶことになり、春節という言葉が初めて公式に使

われるようになった。1949年9月、全国で西暦を使うこと、西暦の1月1日を元旦とすることとともに、旧暦の1月1日は春節として定義され、現在に至っている。

　春節は漢民族の他に、満族や蒙古族など十以上の少数民族が祝う祝日でもある。

　長い歴史の中で新年を祝う風習は変化しながらも多彩になっていったが、神仙を祭るにあたっての多くの迷信は淘汰され、生活に彩を添える習慣、たとえば春聯や年画、福の字を貼ることや切り絵づくり、餅や餃子を作ること等は受け継がれている。漢民族の春節は、餅、餃子、糯米の餅、団子、落とし卵、肉団子、まるのままの魚、上等の酒、みかん、リンゴ、ピーナッツ、スイカやカボチャの種、ドライフルーツ、香りの良いお茶などのごちそうが準備される。他にも春節といえば、掃除をし、布団カバーやシーツを洗い、飾り物を準備し、春聯や年画、切り絵、福の字を貼り、旺火（家の外に石炭の塔を作って火を点ける）や蝋燭の準備をし、爆竹を鳴らし、大みそかには年が替るまで寝ず、お年玉、年始のあいさつ、親戚との行き来、贈り物、墓参り、花市や縁日や厄除け見物などが含まれる。

　正月の一日目はにわとりの声もしくは新年の鐘の音で始まり、通りで爆竹が次々と打ち鳴らされ、どの家も喜びに満ちて新しい年を迎える。男も女も老いも若きも正月の盛装を整え、まずは家族のなかの年長者に新年最初のあいさつをし、長寿を祈る。家族全員で食事をし、子供はお年玉をもらう。二日目には、親戚や友人の家を周り新年の挨拶をする。正月にふさわしい縁起の良い言葉で新年を祝いお互いの幸せを祈る。祖先を祭る場合もある。祝日のわくわくとした賑やかな気分は家のなかだけでなく、外の通りにも充満している。地方によっては、厄よけの踊りや獅子舞、龍灯の練り歩き、演

双语趣谈中日文化　二ヶ国語の面白い中日文化

芸のだしもの等があり、花市や縁日などの風習も見られる。春節の期間はそこここに灯篭がかかり、ぶらぶらと通りを歩く人も多く、街中が賑やかだ。春節のお祭り騒ぎは十五日の「元宵節」が終わるまで続く。

春節には爆竹を鳴らす。民間では「爆竹で門を開ける」という言い方がある。新しい年の到来にあたり、家々の門を開けるのはまず爆竹でなければならず、パチパチという音で古きを除き、新しい年を迎えなければならないというのだ。爆竹は中国の特産で二千年以上の歴史がある。爆竹を鳴らすのは、喜びの表現と華やかな気分をつくりだすためであり、人々に楽しさと福をもたらすと考えられている。

各地に、門の神様、春聯、福の字、窓花、年画、掛千等を貼る習慣、また隔年飯を食べる習慣がある。

門神：もともとは門の神をかたどって桃の木で人形をつくっていたが、時代が下って、人物像を描いた絵を門に貼るようになった。関羽や張飛を門神としているものもある。

春聯：門対、春貼、対聯、対子、桃符等とも呼ぶ。二枚の赤紙に対になるよう、簡潔に時代背景も取り入れて新年を寿ぐ言葉を書き表す中国特有の文学形式である。春節が近づくと都市でも農村でも、一組の紅い春聯を門の両側に貼り、新年の気分を盛り上げる。この風習は宋代に始まり、明代に盛んになり、清代に思想や芸術性を帯びたものになった。

福の字：春聯同様、門の上に貼られる以外に、門の横木のうえや塀の上に大小さまざまなサイズで貼られる。福の字は、人々の幸福な人生、明るい未来への願望を託されている。福の字を上下に倒して貼る場合もあり、これは、「福はもう来た」の意味となる。

窓花：民間では窓の上に切り紙を貼る習慣もある。これを窓花と呼んでいる。窓花は特徴的な手法で縁起物をデフォ

175

ルメして表現し、正月気分を演出するだけでなく、窓を飾り鑑賞することと実用も兼ねている。

年画：春節に年画を貼ることは一般的で、黒い輪郭のなかを鮮やかな色で塗られた絵は家々に繁栄と幸福の雰囲気をもたらす。年画は中国の古い民間芸術で、人々の素朴な風俗と信仰、未来への希望を映し出している。年画も門神を起源としている。木版印刷の発達とともに年画の題材が門神以外にも広がり、『福禄寿』や『五穀豊穣』、『六畜興旺』（6種の家畜が繁殖すること）、『迎春接福』等の年画が描かれるようになった。

掛千：縁起の良い言葉や事物を特徴的な手法でデフォルメし赤い紙に切り出したものだが、往時由緒正しい大家では用いられず、主に庶民に普及した。春聯とともに門の上に貼るとよく映える。八仙人の図案のものは仏前に掛ける。小さいサイズのものは「小掛千」と呼ばれ街中の商店で用いる。掛千はもともとは、銅銭を串状に紐に通して吊るしたことが起源で、厄除けの意味があった。

隔年飯：北方で新年の前に炊いたご飯を年が明けたあとに供する習慣で、米が余り、一年を通して食べきらず、まだ前の年の米を食べているという縁起担ぎの意味がある。このごはんは米と小米（粟）を混ぜて炊くので、北京では「二米子飯」とも呼び、白い米に黄色い粟が混ざることから、金あり銀ありの「金銀飯」とも呼ばれる。

二、元宵節（旧暦正月十五日）

元宵節は、一年で最初の満月の夜に当たる。月が満ちて、また欠け始めることから万象の変わり目と考え、大地が春に向かう晩としてこれを祝う。また、この日は春節の期間の最終日でもあり、「上元節」とも呼ばれる。（元夜、元夕の

呼び方もある）

　元宵節には灯篭を掛け、灯篭見物をする風習があり、「灯節」の呼び名もある。餡入りの団子（元宵）を食べたり、竹馬踊りやなぞなぞ遊び、龍の舞、獅子舞等の風習もある。

三、龍頭節／春龍節（旧暦二月二日）

　春耕節、農事節とも呼ばれる民間の節句。この日は龍が冬眠から覚め、頭を持ち上げる日とされ、龍に雨ごいと豊作の加護を祈る風習がある。

　このころ、陽気が回復し冬の間大地を覆っていた雪や氷は姿を消し、春の耕作がもうすぐ始まる。

　龍頭節の成り立ちは自然地理と関係がある。この風習は主に北方で盛んなのだ。（南方は水が豊富で土地も狭く、祈りごとにも土地の神を祀る）北方は年間を通して乾燥し雨も少ないため水資源は不足気味で、加えて春に活動を始める虫が起こす虫害も大きな災難たりうることからこれらを免れるための心理が龍に対する信仰につながった。

　昔は、龍が水を治め雨を降らせると信じていたため、一年の豊作凶作が決まるこの日には、断じて龍の気に入らないことをしてはならないとされていた。早朝、人々は青い龍の化身とされる大きな碾きうすに祈りをささげる。龍への尊敬のため、ローラー部分を持ち上げて「龍が頭を挙げる」様子を作って縁起を担ぐこともあった。女性は誤って龍の目を刺すことがないよう針仕事はせず、粉も米も挽かず、龍の胴体や尾を轢くことを恐れて大きな車も行き来を控えた。

　二月二日に髪を切る人が多い。辮髪の時代、一月中は頭を剃らず、この日に頭を剃るため「龍の頭を剃る日」とも呼ばれた。「正月に頭を剃ると舅が死ぬ」という言い方が今でもある。清代に辮髪を強要された漢人が前王朝の明を慕うこ

とを指す「思旧」という言葉と「死舅」が同音であることから広まったが、当然根拠はない。

四、寒食節（清明節の前日）

寒食節は二千年以上続くもので、一日の初めの時間帯、タバコは禁止、冷たいものだけを食べる。飲食風俗を名前にする唯一の節句で、後世様々な活動が寒食節に関連づけられ、墓参りやピクニック、ぶらんこ、蹴鞠、闘鶏などが行われる。

寒食節の起源は春秋時代にある。晋の公子重耳が自国の混乱を避け 19 年に渡って他国を転々とし亡命を余儀なくされたあいだ、大臣である介子推が常に付き従い、重耳も努力し政治に励んだ結果、晋の文公と呼ばれる名君となった。その後介子推は名利を求めることなく、母親と共に綿山に引きこもったが、文公は介子推と相まみえることを望み、綿山に火を放ち、介子推が姿を現すことを期待した。

しかし文公の期待に反し介子推は、火事に遭っても下山せずに亡くなった。文公は忠臣の志に感じ入り、これを手厚く葬り祀り、介子推の命日には彼を悼んで火を慎み、温かいものを取らないよう命じた。これが寒食節の由来である。

清初の暦法改革により寒食節は清明節の前日とされ、それが現代にも引き継がれたことから、だんだんと清明節との融合が進み、介子推に代表される封建時代の盲目的忠誠思想も歴史の大河に沈みつつある。しかし、寒食節が持つ忠誠、清廉、政治的クリーンさに関する賛同は今も変わらない。

寒食節の習俗

1. 墓参り

2. 柳の枝を墓や戸に挿す。柳の枝は寒食節の象徴で、介子推が目指した政治の清廉を意味する。

3. 詩を詠む

4. 郊外へ出かける。多くは墓参りのあと家族や兄弟と緑を楽しむ。

5. 蹴鞠

6. 禁煙、温かいものを取らない。（火を使わない）

7. ぶらんこ遊び

五、清明節（公暦四月四、五日）

「春、清明の時節に雨が降る。道を行く旅人は魂も消えてしまいそう。」（唐　杜牧「清明」）清明節は中国で最も重要な祭祀の節句である。墓参りや先祖を祀る活動が行われる。

昔からのやり方によれば、墓参りには酒や食品や果物を携え、墓地についたら供え物をし、紙のお札を焚き、土盛に新しい土を加え、新緑の枝葉を土盛に挿す。最後に叩頭拝礼したあと、供え物を皆でいただく。

清明節は踏青節（とうせいせつ）とも呼ばれ、毎年西暦では4月4日から6日の間にあたる。ちょうどピクニックに好適な時期であり、昔から清明踏青という言い方があり、身体を動かすことが行われている。

六、端午節（旧暦五月五日）

端午節は、旧暦五月五日（中国語で五月初五）だが、五月は良くない月で五日も良くない日付であることから、「初五」の「初」を同じ意味を持つ「端」に替え、「五」を同音の「午」に替えて「端午」と言い換えた。

端午節は西周初期の記録にあり、よく言われるような屈原を記念してできた節句ではない。しかし端午節の風習には屈原に関する言い伝えから生まれたものが多くある。端午節にはドラゴンボート競争が行われ、粽を食べ、雄黄酒を飲

み、匂い袋を作って下げる。

七、七夕（旧暦七月七日）

　旧暦七月七日の晩は七夕という呼び方以外に、乞巧節、
七巧節、もしくは七姐誕とも言われる。中国起源で中国人と
ともに東アジアに広まった伝統ある節句だ。この節句の由来
は織姫と彦星の話で、中国の民間伝説によれば、織姫と彦星
は七夕の夜に天の川にかかるかささぎ橋で会うという。七夕
節のもとは乞巧節（きっこうせつ）で女性が手芸や裁縫の上
達を祈った行事だ。そのため、「少女節」や「女子節」とも
呼ばれる。2006 年国務院は七夕を国家無形文化遺産とした。

　七夕は、織姫と彦星の伝説を通して、男女双方の貞節と
「共に白髪になるまで添い遂げる」覚悟を強調するものだが、
時間の経過とともに、この日は中国のバレンタインデーとな
りつつある。

八、中元節（旧暦七月十五日）

　旧暦七月十五日を、道教式には中元節、仏教では盂蘭盆
節、民間では鬼（幽霊）節もしくは七月半と呼ぶ。もともと
の起源は、初秋の農作物の収穫を祝い先祖に新米を捧げ、秋
の収穫を報告したことが始まりだ。この先祖祭祀が、亡霊を
祭ることに発展した。中元節は幽霊、亡霊が中心で、民間レ
ベルで広く行われる節句の一つだ。

　言い伝えによれば、中元節には地獄の門があき、亡霊た
ちが霊界からこの世にさまよい出てくるという。そのため、
人々は亡霊たちが人間に害を加えないよう、七月には供物を
準備して霊たちのために祭祀を行い、読経を上げて幽霊たち
を済度し、苦界から救う習慣となった。また、疫病から逃れ、
家の平和が保たれるよう、鬼たちの助けを求めるのだ。この

ような中元時期の済度の風習がのちに盂蘭盆となった。

　1920年代から1940年代、中元節は七夕や清明節に比べてずっと盛んで賑やかな節句だった。家単位の先祖祭りのやり方や季節に相応しい供物についての習わしが中元節の風俗の主な内容だった。1950年代、中元節は依然として隆盛だったが、封建的な迷信が含まれていることが認識された。伝統的に中元節は商業ベースで展開し、官がそれを認めるという図式だった。1960年代中期に北海公園で最後に行われた中元節には、池に茄子で作った灯篭が浮かび、非常に壮観だった。

　中国人社会では中元節は重要な節句であり、人々は旧暦七月一日から三十日の間の日を選んで、焼酎、お菓子、飴、果物や豚一匹もしくは羊一匹などのいけにえを供え、娑婆に戻ってきた「きょうだい」(福建語で幽霊に対する敬称)を慰め、一年の平安無事を祈る。

　日本のお盆は、飛鳥時代に隋唐期の中国から伝わったもので、「盆」とは盂蘭盆のことだ。都市では7月13日から16日、農村ではその一か月あとがお盆だ。13日前に墓の掃除をし、13日には先祖の霊を家に迎え、16日には墓に戻る霊を送る。この時期には中元として贈り物を送る。また、人々が集まり、盆踊りをする習慣がある。盆踊りの手の動きは現代のパラパラによく似ている。日本人はお盆を重視しており、一年で元旦に次ぐ大切な節句だ。企業も一斉に一週間前後の「盆休み」に入り、この休みを利用して生まれ故郷に戻る人も多く、家族が集まり先祖をまつる。東京や大阪等の大都市の大通りは閑散とし、清明節の中国を思わせる。

　朝鮮半島の中元節は「百中節」、「百種節」、「亡魂節」等の呼び方もあり、これも伝統的な節句だ。起源は中国にあるが、朝鮮族の特色を帯びている。中国や日本の中元節は

旧暦の伝統節句

先祖祭りや供養に重きを置いているが、朝鮮の中元節は秋の収穫を祝う意味合いが強く、先祖祭りや供養は二次的である。

九、中秋節

旧暦八月十五日の中秋節は秋の三か月の折り返しであるため、「中秋」という。他にも呼び名はたくさんあり、八月節、月夕、月節、秋節、八月会、豊収節、兎児爺節、追月節、玩月節、拝月節、仲秋などなど。秋は果物や木の実の収穫の季節であり、果物を月に供えたり友人に送ったりする習慣もあり、果子節という言い方もする。

中秋節の主な習慣は人が集まって団らんすることであるため、「団圓節」とも呼ばれる。満月のこの夜は、何種類もの果物や木の実やたべもの、必ず月餅を準備して、庭で食べながら月を愛でる。伝説によれば月にある宮殿には切り落とされることのない金木犀があるという。このため、中秋節に金木犀を楽しみ、金木犀の酒を飲む習慣がある。この日、家族がみな集まって、月が上がり始めるとお月様を拝む。

月餅については、こんな言い伝えがある。元代の終わりに、多くの人々が残酷な元朝の統治打倒のために、反乱の日付を8月15日と書いた小さな紙を、月餅の餡のなかにいれ、秘密裡に情報を伝達した。この日全国で決起が起こり、腐敗に満ちた元王朝が打倒されたという。その後、中秋節に月餅を食べる習慣はさらに広がった。

いま中秋節期間には、人々は街の公園で楽しく歌い、笑い、月餅を食べ、踊り、物語を聞く。または友達を訪問し、一緒に昔の思い出に浸る。ほかにも「海から満月が上がっていく。あの人も遠くでこの月を見ているのか」（謝庄「月賦」）この唐詩のように、家族と離れて暮らし、中秋節にも団らん

の場に戻れない人は、異郷で同じ月を仰ぎ見るしかないが、現代では、そのような人はインターネットや微博で「望郷の念」を綴り、ある人は自分で作るなどした絵やカードを、家族や友人に送って季節のメッセージにしたり、もしくはネットで贈り物を買って送ったりする。やり方はどうあれ、みな、人の自然にたいする畏敬とより良い生活への願いは昔と同じなのだ。

十、重陽節（旧暦九月九日）

重陽節は旧暦九月九日だ。これは『易経』が九を陽数とし、九月九日は月も日も陽、二つの九が重なっているため「重陽」もしくは「重九」と呼ぶ。この節句は戦国時代にはすでにあり、唐代になって正式に民間の節句となり、現在に至っている。

この日は、中国の敬老の日でもある。1989年、中国は伝統と現代をうまく結び付け、毎年の9月9日を、老人を尊び、敬い、愛し、助ける敬老の日と定めた。

重陽節は「踏秋」とも呼ばれ、三月三日の「踏春」同様、家族で郊外に出かけて自然を楽しむ日でもある。また高いところに登って厄除けとし、呉茱萸を服に下げて、菊の花を楽しむ。魏晋の頃から始まって重陽の雰囲気はますます盛んになっており、歴史上の文人墨客たちの多くがこの日についての詩を残している。「高い所に登って酒を注ぐ、酒に菊の花びらが浮かんでいるかはわからない」（唐　王縉）

最近ではこの日に高い所に登って詩を作ろうという衝動や雅趣を持つ人は減り、収穫を祝ったり、友人で集まるという機会は増えている。また敬老の日ともされたことで、更に広く深い文化的内包を持つことになろう。

旧暦の伝統節句

十一、冬至

古代中国では冬至は非常に重要視されており、大きな節句として「冬至は新年に然り」という言い方もあり、冬至を祝う習慣があった。冬至を過ぎると昼が日ごとに長くなり、陽気が上りはじめ、季節の循環が始まることから縁起の良い日だと考えられていた。歴史書『宋書』には、「魏や晋では、冬至には各国からの使節と官僚からの祝賀を受けた。その儀式は新年に次ぐものだ」と書かれている。

北方では羊をつぶし、餃子やワンタンを食べる習慣がある。南方では糯米の団子や麺類を食べる。この日それぞれの地区で神や祖先を祭る。

十二、灶節（小年，旧暦腊月二十三）

旧暦 12 月 23 日は竈節、かまどの神様の日だ。この日は「小年」とも呼ばれる。中国の古代の民謡でも「二十三日はかまどの神様に飴を塗る」と歌われている。この神様は竈王、竈の君、竈王爺、司命菩薩、竈君司命等とも呼ばれている。この日は、威勢よく爆竹を鳴らし、酒を準備して客を迎えたり、こちらから訪問したりする。そして一番大事なのはこの神様を祭る行事だ。

伝説によればかまどの神様は、この日、天上に上がって玉皇大帝にその家の一年の善し悪しを報告し、それが次の年の家の吉凶に影響する。そのため、各家ではその家のかまどの神様の像の前に食べ物や神様が乗る馬のための水や餌になる豆や草をお供えする。神様を拝むときには、火で飴を溶かして、神様の口に塗って、家の悪いことを話さないようにさせる。迷信では「男は月を拝まず、女はかまどの神を祭らない」と言われ、この神を祭るのは、男の仕事だ。また、年の

最後の大みそか（旧暦十二月三十日）にはかまどの神様が下界で年を越す他の神様を引き連れて天から戻るのを迎える。

　「小年」とも呼ばれるこの日以降、春節までの期間は「迎春日」と呼ばれ、新年を迎える準備がいよいよ始まる。この次の日旧暦十二月二十四日は掃除をする日とされている。行く年に別れを告げ、新年を迎えるにあたり、汚れを除き、縁起の悪いものを捨てて、新年が希望に満ち、人も家畜も平和であるよう願う。中国には伝統的に「天と地を畏敬する」人間の禍福は天と地の諸々の神によって決まるという思想があり、かまどの神様は各家の「保護神」として崇拝されていた。

十三、大みそか（旧暦十二月三十日）

　旧暦十二月三十日は、大みそか（除夕）、大年夜、除夜、岁除、大晦日もしくは大年夜、除夜、歲除、大晦日とも呼ばれる旧暦の一年で最後の夜、春節の前夜にあたる。旧暦では十二月は三十日あるため、大年三十、年三十、年三十晩、年三十夜とも呼ばれる。「除夕」の「除」の本来の意味は「行く」で、これから「交換する、移る」さらには「交替」の意味がある。「夕」の本来の意味は「日暮れ」だが、派生して「晩」の意味ともなる。この日、古い年を送り新しい年を迎え、禍を除き福を呼ぶためのさまざまなしきたりが行われる。

　多くの人にとって大みそかは一年で最も懐かしい夜だ。賑やかで騒がしく、辺りが暗くなると、子供や若者たちは、花火を手に持って外に飛び出し、あちらでもこちらでも爆竹の音が鳴り始める。肝っ玉の据わった子供は大きな花火に火を点けるが、小さな子供は片手で耳をふさぎながらおっかなびっくり、もっと小さい子供は両手で耳をふさぎ、次は何が上がるかとびくびくわくわくしながら見ている。誰しも年をとっても覚えているのはこのような光景だろう。

旧暦の伝統節句

伝説によれば、昔「年」という名の化け物がいて首が長く角を持ち、凶暴この上なく、毎年大みそかになると村にやってきて家畜を食い、村を荒らしていた。ある年、銀色のひげを生やしいきいきとした目をもつ仙人が村人たちに「年」を追い払う方法を教えた。村人たちが、家の門に赤い紙を貼り、家のなかで蝋燭を煌々と灯し、庭では爆竹を打ち鳴らしたところ、「年」はびっくりして退散した。このときから、毎年大みそかには、家々の門に赤い春聯を貼り、爆竹を鳴らし、家の中を明るくして年越しをするようになった。

この日北方では、餃子を食べる習慣がある。餃子を作るのに生地をこねることを「和面」という。「和」の意味は「合」につながる。餃子の「餃」は「交」と音が同じで、「合」と「交」の相集う意味から、餃子は年が入れ替わることの象徴でもある。南方での餅（年糕）を食べる習慣は、甘く粘りのある餅は新しい年が甘く心地よく、順調であるよう願うものだ。

大みそかに家族で囲む「年夜飯」は中国人にとって非常に重要だ。古代においては、囚人も大みそかには家に戻って家族と食卓を囲むことが許されていたことほどだ。中国人にとって家庭は社会の基礎であり、一年に一度のこの食事は、家族の成員同士の敬愛を深め、家族関係を緊密にするために欠かせないものだ。この食事どき、家のなかは最もにぎやかで楽しい雰囲気になる。皿いっぱいの豊富な料理が所せましとテーブルに並び、家族が勢ぞろいして一緒に食事をする。この幸福な充実感はなにものにも代えがたい。料理だけでなく、この楽しい雰囲気を家族で共有する。卓上にはメインの料理、冷菜、炒めもの、デザートはもちろん、鍋と魚料理も欠かせない。煮立って熱気が立ち上り、

雰囲気を暖かくする鍋は、景気がよく生活が豊かである吉祥の意味がある。魚は「余」と同音で、「吉事が余りある」、

「毎年の裕福」の寓意ともなっている。他にも大根（菜頭）は幸先よいこと（彩頭）の縁起物、揚げ物は、調理の火の様子から「烈火烹油」（盛んなうえに盛ん）な食べ物とされる。デザートも、新しい年が甘いものであることへの祈願が込められている。この日は下戸でも少しは飲まなければならない。昔はこの日に飲む酒は特別に良いものを選んでいた。

年夜飯を食べ終わってから、家の年長者が若い者へ、新年の勉強が進み、良い人になるようお年玉を渡す。家によっては、子供が寝静まってから枕元にお年玉を置く。多いのは、子供たちをひと部屋に集め、祖父母と両親に新年の挨拶をさせ、一人ひとり並んだ順にお辞儀をさせたあと手渡しするやり方だ。祖父母にとってはこのようなことが楽しく、これもまた縁起の良い新年の始まりなのだ。お年玉は家の上の世代から下の世代への愛情と下の世代から上の世代への尊敬を示す機会であり、家庭倫理を表すしきたりでもある。

各地の大みそかの風習は、似ているところも多いが、細かいところでは地域性もつよい。大抵、新年の鐘の音まで寝ずに起きているやり方だ。鐘の音は夜の闇を縫って家々に新しい年の到来を告げる。これを聞いて家のなかでは餃子を鍋に入れ、家族のだんらんも尽きることがない。

昔の大みそかのタブーの多さには、古い年を送るに際し、さまざまの不吉や縁起の悪いものを取り除こうとした心理の現れでもあり、いまでは科学と健康に合致した方向に進んでいる。

大みそかの夜の灯りは夜じゅう点いたままでなければならないことから、これを「光年」と呼ぶ。

旧暦の伝統節句

中华非物质文化遗产

李倩茹

一、国画

在古人眼中，天地、山川、草木、虫鱼、鸟兽，皆可入画，可用毛笔蘸水、墨，绘于绢、宣纸、帛之上，体现古人对大自然与人类世界的观察与感悟。历朝历代，国画风格不同，流派众多，但国画家们都用自己独特的思考与感悟从理论到实践丰富着国画的内涵，使国画得以不断地继承、丰富、革新、发展。按题材，国画有山水、人物、花鸟之分。其中，山水画在国画中有着举足轻重的地位。山水画把各色山川的独到之美提取出来，以有独特的感觉为山水画的终极追求。因此，中国山水画成了重在突出感觉的艺术。按技法，国画有写实、写意、工笔之别。国画往往拟态而非求真，不求肖形，力求写意，讲求整体意境。在国画中，"神韵"是一种最高级的艺术审美，也是中国国画家们追求的目标。国画创作的高下，除了人品，还有学养，最重要的是画家自己对艺术和人生的理解和感悟。国画的代表作品有东晋顾恺之《洛神赋图》，用凝重古朴的笔绘，描绘着曹植与洛神真挚纯洁的爱情故事。北宋张择端《清明上河图》，用大手笔与精细的手笔相结合的方法，生动描绘了汴京以及汴河两岸的自然风光和繁荣景象。国画的气象、笔墨、韵味都需要鉴赏者具备较高的传统文化

素养，这样方能于作品创造的意境中领悟画家的用心，达到情感上的共鸣。

二、书法

历经三千多年的发展历程，中国书法从甲骨文、金文演变而为大篆、小篆、隶书，至东汉、魏、晋的草书、楷书、行书诸体。中国书法以汉字为载体，植根于中国传统文化，是一种独特的视觉艺术。现主要有以下五种书体：古朴齐整的篆书，蚕头燕尾的隶书，横平竖直的楷书，行云流水的行书，笔走龙蛇的草书。中国书法历史悠久，不同时代对书法的审美追求不同。浏览不同时代不同书法家的作品，我们可以发现：魏晋纵意洒脱，书法尚韵；唐朝法度森严，书法尚法；宋朝尚意宣情，书法尚意……纵观中国三千年书法，它们都鲜明地折射出不同时代下的精神风貌。但每个时代总体风貌之下，又有个人的鲜明特征。书法大家王羲之有名作《兰亭集序》，为"天下第一行书"，作品布局疏朗有致，笔法变化多端，整体浑然天成。相传，唐太宗认为《兰亭集序》是"尽善尽美"之作，生前将临摹本分赐近臣，死后将它的真迹一同葬入陵墓。而其后历代书法家摹本不下几十种，也是书法史上极少出现的文化现象。书法极能体现书法家本身的风骨、气质，有"见字如见人"一说。钟明善《书法基础与欣赏》中说"中国书法起于用笔，基于结字，成于章法，美于气韵"，这不难看出，书法艺术最大程度地体现了东方艺术的审美。历经岁月变迁，书法开始从"旧时王谢堂前燕"到"飞入寻常百姓家"，变得雅俗共赏。直至今日，书法依然拥有广泛的群众基础和庞大的参与者和受众，在中国人的文化生活中占据重要地位。书法由于艺术性极高，被誉为"无言的诗，无行的舞，无图的画，无声的乐"。2009 年，中国书法被正式列入世界级非物质文化遗产名录。

三、京剧

京剧是中国的国粹，也是世界三大表演体系之一。京剧是融文学、音乐、舞蹈、杂技、美术、表演等于一体的综合艺术，是中国文化的集大成者。迄今已有 200 年历史，它以北京为中心，遍及全国，与越剧、黄梅戏、评剧、豫剧并称"中国五大戏曲"。京剧讲究四功五法。四功，即唱、念、做、打。五法，即手、眼、身、法、步。京剧行当对从业者的要求极为严苛，曾流传这样的说法："一日不练自己知，两日不练师傅知，三日不练观众知。"京剧舞台上美轮美奂的呈现，都来源于舞台下演员日复一日、毫不懈怠的勤学苦练。可能大师梅兰芳也是甩了一万次袖，才成为京剧界"名角儿"；台下的十年功，才造就了台上的一分钟。如果仅仅只是重复一万次甩袖，他成不了梅兰芳；如果只是重复每个昨天的自己而不加以精进，也不过十年如一日，无寸进。对京剧演员而言，努力与思考缺一不可。梅兰芳的代表曲目《贵妃醉酒》，凝聚其一生心血精雕细刻而成，以繁复而精准外形动作的变化来表现杨贵妃从内心苦闷、强自作态到不能自制、沉醉失态的心理变化过程，整个表演舒展自然，流贯着美的线条和韵律。而京剧表演中的身段、手势、步伐、武打，都是从生活中来，创作者加以提取美化，形成了千姿百态的京剧动作。京剧艺术源于生活，高于生活。它凭借着对生活的善于观察与精于提炼，凝聚为独特的艺术之花，闪耀于中华民族的艺术之林。京剧艺术传承中国写意传统，不求处处写实，"可扬鞭以代马，可摇桨以代船，眨眼间数年光阴，寸柱香千秋万代"，大大突破时间和空间的限制，在一方小小的舞台之上，演绎大千世界，人生百态。2010 年京剧被列入"人类非物质文化遗产代表作名录"。

四、剪纸

当南北朝开始流行用纸的时候，剪纸艺术随之诞生，可谓历史悠久。剪纸凭借其镂空艺术，给人以视觉上的享受。同时，剪纸也是一门集书画与雕刻于一身的综合艺术。一张纸，一把剪刀，手指翻舞之间，群像毕现。人民大众发挥想象力和创作力，通过一双巧手让生活中的一切事物变得栩栩如生。对剪纸而言，需要创造者们善于观察生活，细致研究万物，熟悉要表达艺术主体的形体、动态、性格、习性等，然后抽象出它们的特点，进行艺术性表达，使之较原来的形象更生动。剪纸既有实用价值，又有审美价值。既可烘托节日氛围，又可调剂平淡生活。剪纸之所以能够长久而广泛地流传，在于它能够扎根于民间，甚至融入平凡人的生活之中，年年岁岁、世世代代。剪纸的魅力还在于它能展现人民对美好生活的向往与追求。在中国，剪纸的图案往往有着美好的寓意，例如传统剪纸"鹿鹤同春"，鹿、鹤本身是春天和生命力的象征，同时鹿与"禄"同音，鹤又是长寿的象征，鹿与鹤一起又有福禄长寿的意思。剪纸艺术是人民丰富精神生活，展现生活情趣，表达美好向往的一种发明创作。剪纸更是民间艺术的瑰宝，强烈而鲜明地记录着中国传统文化心理、民间风俗和审美情趣。2006年5月20日，剪纸艺术遗产经国务院批准列入第一批"国家级非物质文化遗产名录"。在2009年9月28日至10月2日举行的联合国教科文组织保护非物质文化遗产政府间委员会第四次会议上，中国申报的中国剪纸项目入选"人类非物质文化遗产代表作名录"。

五、民族乐器

在中国这片黄土地上，中国乐器生长、发展、丰富，流传至今。乐器材质不同，音色不同，于是从周代开始，华

夏乐器的分类就有了经典的八音：金、石、丝、竹、匏、土、革、木。

众多民族乐器中，埙是早在石器时代就出现的古老乐器，其音色质朴自然，犹如天籁；编钟是兴起于西周时期的大型打击乐器，由于每个钟的音调不同，经排列组合，可演奏出美妙的乐曲；竹笛音色明亮清脆，婉转动听；洞箫音色柔和典雅、低沉浑厚；鼓，一直是群音之首。琴瑟开弹之前，一般先由鼓声作引导，音乐激越雄壮，大气磅礴。其中，古琴最有代表性，它由一弦至七弦，发展至今，已有数千年历史，是世界上最古老的弹拨乐器。古琴造型古朴简约，用材贵重考究，相较其他乐器，古琴琴音安静悠远、平和敦厚、坦荡超逸。

春秋时期，由于孔子的提倡，文人中弹琴的风气很盛，并逐渐形成古代文人必须具备"琴、棋、书、画"修养的传统。后来，操古琴就成为文人雅士高洁、脱俗生活的真实写照。古人喜爱用琴抒发情感，寄托理想，感悟当下，修身养性，审美悟道。渐渐，古琴远远超越了音乐的意义，成为中国文化和理想人格的象征。琴曲的代表作有：伯牙子期《高山流水》，可借琴声探讨艺术造诣，寻觅知音。嵇康的《广陵散》，可托琴音表达志向性情。2003 年 11 月，中国古琴艺术被联合国教科文组织列入第二批"人类口述和非物质遗产代表作"。华夏乐器凝聚着中国人的智慧和创造力。

六、茶艺

有中国人的地方就有茶，也就有了茶艺。据记载，茶艺，萌芽于唐，发扬于宋，改革于明，极盛于清，可谓有相当的历史渊源，自成一系统。一方茶席、一张茶几、一套茶器、一位茶艺师，就是一场极致的艺术盛宴。茶艺流程大致分为备器、煎水、赏茶、洁具、置茶、泡茶、奉茶、饮茶这八个步骤。茶艺是饮茶的艺术，集趣味性与艺术化为一体。中国人饮茶绝不

是单纯为了解渴，品茶因其超越了自身的属性，迈入精神领域，成为一种修养，一种境界和文化艺术。这也是中国茶艺形成的独特文化。茶艺特别强调造境，要求做到环境美、意境美、人境美和心境美。四境俱美，才能达到中国茶艺至美的境界。茶艺是唯美高雅的生活艺术，是形式和精神的统一。中国茶艺讲究以茶养身，享受健康的生活方式；以茶会友，熏陶提高生活品位；以茶修心，使心灵得到净化；以茶启志，感悟苦辣酸甜的人生；以茶悟道，探寻生命的意义。茶艺，把日常的饮茶引向艺术化，提升了品茶的境界，赋予茶以更强的灵性和美感。2008 年 6 月 7 日，茶艺经国务院批准列入第二批"国家级非物质文化遗产名录"。

中国の無形文化遺産

李倩茹

一、中国画

　　中国画の起源は漢代に遡ることができ、一千年以上の歴史がある。往時の中国人の目には、天と地、山河、植物、動物は虫や魚から鳥獣に至るまで目に映るものは何でも絵にすることができるものだった。筆に墨や水、絵の具を含ませ、紙や布の上に表現された中国画は、古代人が捉えた自然と人間世界の観察と理解なのだ。

　　時代を経るあいだにスタイルもさまざまな多くの流派が生まれたが、画家たちがそれぞれが自分の考えと感覚で、この芸術の内面を理論と実践の両方から豊かにしてきたことで、中国画の継承、充実、革新、発展が絶えず行われた。

　　題材から見ると、中国画は山水、人物、花鳥の三つに分けられるがなかでも山水画は特に重要な位置を占めている。山水画は大自然が持つ他にない美を取り出して題材とするが、同時に山水画自体での究極の美を描こうともするものだ。これにより中国山水画は強調性に重きを置く芸術ともなっている。

　　技法から見ると、中国画には写実、写意、工筆の三つのテクニックがあるが、総体的に言って、中国画は対象物を描

双语趣谈中日文化　二ヶ国語の面白い中日文化

きながらも繊細な描写には重きを置かず、情趣の表現を重視し、作品全体のイメージを追求する芸術と言える。ここでは風格と趣きが最高の芸術的美意識の到達点であり、画家たちが目指す境地でもある。創作の優劣を決めるのは画家自身の人格と教養以外に、最も重要なのは人生に対する理解と感覚なのだ。

中国画の傑作をいくつか紹介する。

東晋の顧愷之による『洛神賦図』は荘重で飾り気のないタッチで曹植と洛神の真剣で清らかな愛情物語を描いている。北宋時代の張択端の『清明上河図』は太い筆、細い筆を使い分け汴京（現在の開封）と汴河沿いの自然の風景と繁栄ぶりを生き生きと描いている。

中国画に込められた気や筆と墨の風雅を理解するには、鑑賞する側にも伝統文化の素養が求められる。良質な鑑賞者は作品の雰囲気の中に画家の作意をくみ取り、感性に共鳴することができる。

二、書道

書道は独特な視覚芸術で、三千年以上の間、漢字を媒体とし中国の伝統文化として根を下ろした。主要な書体は、篆書、隷書、楷書、行書、草書の5種だ。

中国書道の歴史は長く、時代ごとに異なる美意識が存在した。ざっと見渡しても、魏晋時代は洒脱で趣のある書道が好まれたが、唐時代は物々しい決まりに従った書が主流だった。宋時代は精神の表現としての書道が生まれた。

各時代の背景がそれぞれの時代の書に反映しているが、さらに加えて書家の個性が鮮明である。王羲之は『蘭亭集序』で有名だがその書は「天下第一行書」と呼ばれている。文字はのびのびと配置され、書きぶりは自在に変化し、全体に渾

然としながらも絶妙のバランスが取れているのは神技とも言える。唐の太宗は蘭亭序を、優を尽くし美を尽くした作品として絶賛し、近臣に模写版を下賜し、死後にそのオリジナルとともに葬られることを望んだ。後代の錚々たる書家たちによる『蘭亭集序』の模写は数十種にものぼっていることも、書道史上稀に見る現象だ。書道は書家自身の気風や風格をよく体現することから「字を見れば人がわかる」という言い方がある。鐘明善が「中国書道は筆から始まり、文字を綴ることを基本としてかたちを作り、結果として気品をただよわせる」と語った言葉の通り、書道は東洋の芸術美の体現なのだ。

今では書道は王侯貴族だけのものではなく、風雅と卑俗がともに混在する。今日に至るまで、書道は広範な民衆のベースを基本に多くの創作者と鑑賞者を持ち、中国人の文化生活で重要な位置を占めている。書道はその芸術性の高さから「言葉のない詩、動きのない舞、描かれない絵、音のない音楽」とも呼ばれる。2009 年、中国書道は正式に世界文化遺産に登録された。

三、京劇

京劇は世界三大演劇の一つであるとともに中国の精華でもある。文学、音楽、武道、雑技、美術、演出が融合した総合芸術で、中国文化の集大成となっている。200 年の歴史があり、北京を中心として全国に普及している。越劇、黄梅劇、評劇、豫劇とともに中国五大演劇の一つだ。

京劇は「四攻五法」の追求でもある。唱（うた）、念（せりふ）、做（演じる）、打（立ち回り）が四功で、五法は手、眼、身体、法、歩とされる。昔から京劇俳優には厳しい鍛錬が課され、「1 日鍛錬を怠れば自分が、2 日練習しなければ師匠がそれを見破り、3 日練習しないと観客にそれがわかる」

と言われている。華やかな京劇の舞台は、舞台の外での俳優たちの日を置かない苦しい練習の賜物なのだ。梅蘭芳は一万回袖を振り払うことで京劇の名優となったが、舞台の上での１分の演技は、舞台に上がる前の10年間の研究の成果だ。しかしただ一万回袖を振るだけでは、誰も梅蘭芳のようには演技できない。昨日のことの繰り返しで何も精進しないなら10年続けても何の進歩もない。努力と思考はどちらかも欠けてはならないのだ。

　梅蘭芳が心血を注いで作りあげた代表作『貴妃酔酒』は繊細で完璧な演技によって、皇帝の寵愛を信じられなくなった貴妃の内心の苦悶を描き、平静を装う始まりから自制を失い、徐々に酒に酔って感情を露わにするまで、演技は自然に展開していき、最初から最後まで流麗で上品な雰囲気に包まれている。京劇の動作は全て生活の中での動きを昇華させたもので、普段からの観察と訓練がこの芸術独特の花となり、中華民族の芸術のなかで輝きを放っている。京劇は中国の芸術に共通する写意の伝統を継承し、写実にこだわらず、役者が鞭を振り上げる動作で馬が表現され、櫂を漕ぐ動作をもって船とし、目を凝らして数年の時間を表現し、舞台に置かれた線香は何世代もあとの時間に観客を連れて行く。時間と空間を大胆に超越し、四角い小さな舞台の上であらゆる世界と人生を観客に見せる。2010年11月16日、京劇は非物質文化遺産に登録された。

中国の無形文化遺産

四、切り絵

　切り絵は南北朝時代に紙が普及した際に生まれたと考えられている。透し彫りの一種であるが絵と彫りが一体となった芸術でもある。一枚の紙と一本のハサミを使って指先からあらゆるものが現れ出る。庶民の想像力と創作力により生活

上の一切がいきいきとした切り絵となる。創作者には生活を
よく観察すること、題材の形状、動き、性格、習性をよく研
究し知り抜いた上で、その特徴を取り出して芸術として表現
し、題材の印象をもっと鮮明なものにすることが求められ
る。切り絵には実用と芸術の両方の価値がある。祝日の気分
を醸し出すこともできるし、通常の生活に変化をつけること
もできる。切り絵は昔から中国の広範囲に普及し、庶民の生
活に浸透した。庶民がより良い生活を祈念するために使われ
た切り絵には魅力がつまっている。切り絵の図案は縁起のよ
いものが使われ、例えば伝統的な「春の鹿と鶴」は、鹿も鶴
も春の生命力の象徴であること、「鹿」は「禄」と同音で縁
起が良いこと、鶴も長寿の象徴であり、全体として福、禄、
寿の寓意となっている。切り絵芸術は、2006 年に国家無形
文化遺産に、2009 年にはユネスコの世界無形文化遺産に登
録された。

五、民族楽器

　中国の民族楽器には千年にもわたる発展と蓄積があり、
現在に伝わっている。楽器の材質は様々で音色も異なるが、
周時代には、楽器の材質を元にした八つの系統に区別され
るようになった。すなわち、金、石、絲、竹、匏（ひさご）、
土、革、木の八種類だ。

　石器時代にはすでに原始的な楽器があり、その音色は素
朴で自然のなかの音に近い。編鐘は西周時代に興った大型打
楽器だが、それぞれ音階が異なる鐘を組み合わせ、演奏する。
竹笛は漢族の最も古い楽器で、その音色は明るく澄んでいて
滑らか、人を惹きつけるものがある。簫の笛の音色は柔らか
で優雅、低く力強い。鼓は、他の楽器の先導となる役割が多
い。一般に琴を弾き始める前には鼓がまず鳴らされ、音楽は

勇壮に気迫に満ちたものになっていく。

　そのうち古琴は民族楽器を最もよく代表するものだが、七本の弦を持つ世界最古の弾弦楽器である。古琴の造形はシンプルだが、材料にこだわりがあり、その音色もまた落ち着いて古風な趣があり、穏やかで清らか、俗を超えている。

　春秋時代に孔子が提唱したことから文人の間で古琴を弾くことが流行し、古琴は「琴、棋、書、画」の修養四目の一つとされ、その後、文人の高潔で世俗を顧みない生活のツールとなる。文人は古琴を奏でることで自らの感情、理想、悟りを表現し、品性を養い、美意識を高めるのだ。その後だんだんと古琴は楽器以上の意味を持つようになり、中国文化とそのなかの理想の人格の象徴となった。古琴の代表曲として挙げられるのは『高山流水』(琴の音色がさまざまに響き、曲名は自分を本当に理解する友を探すことになぞらえられる）や抱負を表現する『広陵散』等。2003 年 11 月、中国人の智慧と想像力が凝らされた中国古琴芸術はユネスコの無形文化遺産に登録された。

六、茶芸

　世界じゅう中国人のいるところには茶があり、茶があるところには茶芸がある。記録によれば、茶芸の始まりは唐時代であり、宋代に盛んになり明代での改革を経て清代に隆盛を極めるなど相当な歴史起源を持ち、独自の体系を持つ。茶席として、専用のテーブルと一揃いの茶器、茶芸師があれば、芸術的な集まりが可能だ。茶芸の手順は、大まかには 8 つのステップに分けられる。すなわち、茶器の準備、湯をわかすこと、茶葉の披露、茶器の湯通し、茶葉のセッティング、茶淹れ、客への提供、最後に品茶の順番だ。茶芸は喫茶の芸術であり、趣味と芸術を一体化させているも

のだ。中国人がお茶を飲むのは単純に喉の渇きをいやすためではない。茶を飲むことによって自分自身の属性を超えて精神的な領域に達するためで、一種の修養でもある。これこそが茶芸の持つ独特の文化で、そのため、茶芸は環境を重視する。環境が美しく、雰囲気がよいこと、場のいごこちがよく、集う人の心が楽しいことが大切で、これらが揃って、中国茶芸が目指す境地に至ることができる。茶芸は美を尊ぶ生活芸術だが、かたちと精神の統一を目指すものでもある。例えば、茶による養生で健康を享受すること、茶を媒介に人と出会い薫陶を受けること、茶によって心を整え精神を浄化させること、茶によって志を立て、人生のさまざまな辛酸と愉悦を理解すること、茶をもって悟り、命の意味を探ることなど。茶芸は日常の喫茶を芸術化させたもので、単純に茶を飲むという行為を超え、茶にインスピレーションと美意識を付与した。2008 年 6 月 7 日、国務院は茶芸を国家無形文化遺産として認定した。

后　记

张文生

　　一切交流和交往都聚焦于文化。一切事物表象和存在都反映着文化。一切相同和不同都来自于文化的异同。

　　费孝通：什么是文化？文化就是人为的和为人的。

　　余秋雨：文化就是精神价值、生活方式和集体人格。

　　交流少了，感到文化不够；交流多了，也感到文化不够。多年的交流实践，时常感到对异国他人缺乏了解，也时常感觉异国他人对自己缺乏了解；时常感觉自己对异国缺乏了解，也时常感觉异国人对中国缺乏了解。每次交流交往都努力寻找相同，接纳不同，进而加强了解，扩大共识，增进理解。

　　文化有国度，但文化无国界。每个国家、每个民族都是人类命运共同体中的一员，人类文明是人类共同创造的，理应人类共享。文明互鉴，同行致远。

　　2019年正值中日青少年友好交流促进年，2020年将是中日体育文化交流促进年。于是，在各位专家及有识之士的鼓励支持之下，筹备出版这本《双语趣谈中日文化》普及读物，从衣、食、住、行、语言、文字、文学、传说、节日、节气等各方面介绍中日文化，可供走出国门或接待异国人时作为交流话题之参阅。

　　感谢撰稿人趣谈中日文化，感谢翻译者双语对接，感谢日

语专家审核校对，感谢出版社鼎力支持！

因学识有限、水平有限、时间有限、经历有限、精力有限，书中观点、见解、表述难免会有不妥、不对、不全、不准之处，恳请读者指正、雅正、斧正、哂正！

2019 年 4 月 15 日

双语趣谈中日文化　二ヶ国語の面白い中日文化

後書き

張文生

　　全ての交流と付き合いは文化に繋がっています。全ての現れと存在は文化を反映しています。全ての同一と違いは文化の異同によるものです。

　　費孝通がこう語りました。「文化とは何か？文化は人が作ったもので人間的である。」

　　余秋雨がこう語りました。「文化は精神的価値、生活様式と団体人格である。」

　　交流が少なければ、文化が足りないと感じられますが、交流が多ければ、やはり文化が足りないと感じられます。長年の交流を通して、外国人に対する理解不足に気づき、外国人が自分に対する理解不足にも気づいてきました。自分が外国に対する理解不足と外国人が自分の国に対する理解不足を両方痛感してきました。交流する度に、共通点を求め、違いを包容し、更に理解を深め、一致点を広め、理解を促進します。

　　文化はそれぞれの独自性がありますが、国境線がありません。全ての国と民族はみな人類運命共同体の一員です。人類の文明は人類の共同作業の作品でシェアしなければなりません。お互いの参考になり、共に発展しつつあります。

2019 年はちょうど中日青少年友好交流促進年で中日スポーツと文化交流の推進年でもあります。それゆえ、関係各位のご支持とご後援のもとで、この本を作る運びとなり、衣食住や言語文学や習慣などの中日文化について、普及的に紹介しました。これから対日交流の中国人に交流の話題を提供できたらいいと思います。

　　本書の執筆者、翻訳者、編集者のご尽力と日本語専門家の訂正をいただき、出版社の縁の下の力持ちでようやく初版できるようになりました。

　　ただし、筆者の知識と能力に限界がるために、いろいろ不備があるものと思います。様々な問題点にお気づきの場合、ぜひ読者の皆様のご意見を聞かせていただきたいです。

2019 年 4 月 15 日